# 理系の伝え方

最良の知恵を生み出す「ロジック&コミュニケーション」

LOGIC & COMMUNICATION

籠屋邦夫
KUNIO KOMORIYA

きずな出版

「伝えたいことの半分も伝わらない」

「よく『結局、何が言いたいの？』と言われる」

「急な質問をされて、頭が真っ白になってしまった」


……こんなことは、ないだろうか？

「何度伝えてもわかってくれない」
「そんなつもりで言ったのではないのに……」
「同じ内容を説明しているのに、
なぜかあの人ばかりが評価される」

……こんなふうに感じたことは、ないだろうか？

〝伝えたいことを、上手に相手に伝える〟
これができずに悩む人は、意外にも多い。

あなたがもし、同じ悩みを抱えて
本書を手に取ってくれたとしたら、
少しの時間を使って、
このまま読み進めてみてほしい。

INTRODUCTION

うまく伝わらないのには、必ず理由がある。
そして、その理由さえ取り除けば、
誰でもコミュニケーションは上達する。

INTRODUCTION

上司と部下、取引先、友人関係……
誰とでもコミュニケーションを円滑《えんかつ》に取りたい。
そう思うのなら、「話し方」や
「雑談」を勉強するよりも先に、意識すべきことがある。
それは、「ロジカル（論理的）な理系思考《りけいしこう》で伝える」
ということだ。
本書ではそれを、文字通り
「理系の伝え方」と表現することにする。

まずは伝えたい内容を、
① 整理する
次に、どう伝達するかを、
② 工夫する
そして、提案をブラッシュアップするために、
③ 議論する

そうすれば、コミュニケーションで失敗することは、
もうない。

いまからこの一冊を通して、
その具体的な方法を身につけていただきたいと思う。

さあ、いよいよ本編に入ろう。
「理系の伝え方」を身につけ、
あなたにも、より充実した人生を。

# ロジックは
# 言語を越える――。

INTRODUCTION

はじめに――

# なぜ、成功する起業家には「理系思考」が多いのか？

〝世界を変えた起業家には、理系出身者が多い〟

文系出身者には、ムッとくる言い方かもしれません。

しかし、世界有数の起業家が集まる国・アメリカでは、「それまでの常識を覆《くつがえ》すようなインパクト」を残した起業家や実業家には、理系出身者が多いのが事実です。

グーグルの創業者であるラリー・ペイジも、アマゾンのCEOであるジェフ・ベゾスも、インテル創業者のゴードン・ムーアも理系出身です。

そして、彼らの成功の要因の一つに、本書のキーワードである「理系思考」があります。

そもそも、理系と文系はどう違うのでしょうか？

我々日本人は、普段から理系・文系という言葉を使い、自分自身が理系出身であるか文系出身であるかも、多くの人が認識していることと思います。

じつは世界標準で見ると、そのように分けること自体、あまりないのですが、それでも理系と文系では、根本的《こんぽんてき》な「考え方」が若干異《こと》なるということは、たしかにあると思います。

そこで、あえてこの切り口に着目してみます。それを本書では「理系思考」と表現することにします。

「理系思考」とはどのような思考かというと、〝すべての事柄に関して、価値判断の傾向が「絶対的ロジック」である〟という「思考回路」のことを意味します。

あなたは理系・文系どちらの出身でしょうか。

私自身は、その両方を経験しています。

日本では東京大学で工学（理系）を学び、アメリカでは、スタンフォード大学で経営と意思決定論という、〝理系と文系が融合《ゆうごう》した分野〟を学びました。

さらに、経営コンサルティングにて、そこに働く人たちの協働《きょうどう》作業によって物事は成し遂《と》げられるという、文系の側面の強い現場にいました。

したがって私には、理系と文系、２つの「思考回路」を長く見てきたという経験があります。

理系と文系は「考え方が違う」という言い方をよくされますが、この思考回路の違いは、どちらがいい悪いという話ではありません。

ただし、それぞれの思考回路を見てきた経験から、冒頭《ぼうとう》の、

〝世界を変えた起業家には、理系出身者が多い〟

というのが、私にはよく理解ができるというのも、事実です。

彼ら起業家は徹底的に「理系思考」であり「論理的」であった。

だからこそ、あれだけ大きなビジネスを展開するうえでも、絶対的ロジックに基《もと》づいた判断ができたと思えるのです。

そうでなければ、従業員数万人、会社の時価総額も数兆円といった規模の彼らの会社において、経営判断はできないでしょう。

たしかな〝ロジック〟があれば、躊躇《ちゅうちょ》せずに進むことができるというのも、考えてみれば納得ができます。

## 理系の人ほどプレゼンテーションがうまい理由

伝えたいことを論理的に的確に伝えることについて、よく「ロジカル」なコミュニケーションという呼び方をします。

前で紹介したような起業家たちも、その多くが「ロジカル」なコミュニケーションを得意としていました。そして、その「ロジカル」なコミュニケーションの土台にあるものが、「理系思考」なのです。

「理系の人間は論理的に伝えることが上手である」

ということがしばしば言われますが、これは決して、文系の人が論理的に話せない

ということではありません。

ただ、理系の学問体系の背景には、

「ロジックのない議論はあり得ない」

という考え方が基本としてあります。

これを学ぶところから、理系の人は比較的に、

〝論理的な伝え方が得意だという素養《そよう》〟

があるのです。

つまり、訓練の機会が多かったか、少なかったかの違いだけ。

逆に言うと、訓練次第で誰にでも、「ロジカル」なコミュニケーションを身につけ

ることは可能である、ということです。

実際に私がコンサルティングさせていただくような大企業の経営者でも、「理系のバックグラウンドでも、ロジカルなコミュニケーションができない人」「文系のバックグラウンドでも、論理的に話をすることが得意な人」その両方がいます。

つまり、あなたがどんなバックグラウンドで育ってきたかは、これから「理系の伝え方」を習得するうえで、まったく関係がないのです。


私は伝え方や話し方の専門家ではありません。

本業はクライアントの「意思決定」のサポートです。

専門分野である、「意思決定」に関する本を、いままでに何冊か上梓《じょうし》していますが、今回のように「伝え方」の本を書かせていただくのは、私自身はじめての経験です。

しかし、スタンフォード、マッキンゼー、米国ストラテジック・ディシジョンズ・グループ、ATカーニーなど、ビジネスの第一線で20年以上、企画や戦略の実務に携わるなかで会得した「理系の伝え方」を、今回一冊の本として、まとめる機会に恵まれました。

質の高い意思決定のためのアプローチを体系的に綴《つづ》った、これまでの私の本と違い、「明日からすぐに現場で使えるヒント」というのを、ライトにコラム的に書いていきます。私のいままでの本を読んだ人からすると、ずいぶん易《やさ》しく、また論理構成もゆるく感じられるかもしれませんが、ご理解いただけると幸いです。

この本を手に取ってくださったあなたが、コミュニケーションの向上を通じて、より充実した人生を送れるように願って――。

籠屋邦夫

## 理系の伝え方　34の方程式

①「コミュニケーションの目的」=「意思決定」

②「伝え方の基本」×「キャラクター」=「オリジナル」

③「内容の整理」×「シミュレーション」=「アドリブ力」

④「コミュニケーション」=「内容」×「伝達」×「議論」

⑤「言語」<「ロジック」

⑥「伝える相手」=「衆知を結集するためのパートナー」

⑦「伝える」=「双方向コミュニケーション」

⑧「相手に求めるもの」×「相手の立場」=「ゴール」

⑨「相手の立場で考える」=「相手を最大限有効活用する」

⑩「準備：60%」+「伝達：15%」+「議論：20%」+「テクニック：5％」

⑪「大きな目的」=Π《パイ》「小さなゴール」

⑫「フレームワーク」＝「思考整理のツール」

⑬「新規事業の提案」＝「6W2H」＋「5WHY」

⑭「付箋」＝「思考熟成のツール」

⑮「最良の答え」＝「自分」×「相手」×「ライバル」

⑯「LISS」＋「MECE」
＝「伝える内容を正確に捉える」

⑰「イシューレイジング」＝「見落としに気づく」

⑱「雑談」＜「文脈」

⑲「相手を観察するポイント」＝「表情」＋「身体の動き」
＋「声のトーン」

⑳「雑談」＜「目的を持った議論」

㉑「理解されない原因」＝「専門用語」＋「横文字略語」

㉒「起・承・転・結」＜
「結論先行」and/or「思考のパターン」

㉓「最重要事項を伝えるコツ」＝「小声で強調」

㉔「プレゼンの味方」=「ノッディングパーソン」

㉕「批判させないコツ」
=「1.5倍の声量」+「自信のある身振り」

㉖「続きまして……」=「最悪のつなぎの言葉」

㉗「スクリーン」<「相手の正面」

㉘「5分の休憩」+「思考の整理」
=「クロージングの結果を変える」

㉙「キャラクター」=「地位」×「立場」×「年齢」×「職業」

㉚「切り返し」=「Good question」+
「Let us clarify」+「What do you think?」

㉛「相手」=「立場の異なる協働作業者」

㉜「クロージング」
=「意思決定」+「ネクストステップへのアクション」

㉝「自分」≦「相手」

㉞「ロジカルなコミュニケーション」
=「シミュレーション」+「大和魂」

CONTENTS

# 第1章

# 「目的」と「ゴール」を可視化する

## ―「ターゲット」によって、「方程式」は変わる―

# 第2章

# フレームワークを用いて、伝える内容を準備する

―ロジカル発想で、相手の意思決定を導く―

# 第3章 意思決定を導く論理的な「話し方」

―一瞬でつかみ、飽きさせず、衆知を結集する―

# 第4章

## 多人数を魅了する「ロジカル・プレゼンテーション」

―プレゼンで成功する人と失敗する人には、明確な違いがある―

# 第5章

## 世界で活躍する人の「理系思考」のコミュニケーション

### —戦略を立てて、最良の結果につなげる—

# 理系の伝え方

―最良の知恵を生み出す「ロジック&コミュニケーション」

ブックデザイン　ＩＳＳＨＩＫＩ

序章

# 理系思考の
# 「基本」を知る

# コミュニケーションの基礎は、「内容」「伝達」「議論」である

# コミュニケーションは「理系思考」でうまくいく

日本では毎年、「伝え方」や「話し方」をテーマにした書籍が多数出版され、ベストセラーが生まれています。

なぜ、多くの人が「伝え方」や「話し方」を学ぶのでしょうか？

私のなかでは、答えは明確に出ています。

経営者、管理職の人々、様々なビジネスパーソンから主婦や学生に至《いた》るまで、多くの人たちが仕事や人間関係において、

「あのとき、こう伝えておけばよかったな……」

「あんな言い方したら、誰だって怒るよな……」

といった、「伝え方を失敗したことによる苦い経験」を持っているからです。

しかし、伝えてしまってから後悔しても遅い。

だから、そういった事態に陥《おちい》らないために、「伝え方」の本を読むのだと、私は思います。

## 伝えることの目的とは？

今回なぜ、話し方やプレゼンテーションの専門家でもない私が、「伝え方」の本を書くに至ったのでしょうか。

その理由は私のバックグラウンドにあります。

もともと私は、東京大学大学院で化学工学を学び、日本の化学メーカーに勤めたあと渡米しました。

そして、スタンフォード大学大学院で「意思決定論」を学び、その後、外資系コンサルティング会社マッキンゼー、米国ストラテジック・ディシジョンズ・グループ、ATカーニーの副社長を経て、現在は独立し、多くの企業にコンサルティングをおこなう日々を過ごしています。

本業は、クライアントの「意思決定のクオリティを高める」ことで、もう20年以上もやっていることになります。

私はそれをコンサルティングではなく、〝エデュサルティング〟と名づけ、おこなっています。エデュサルティングとは、「エデュケーション」と「コンサルティング」をかけ合わせた私の造語《ぞうご》です。

企業のトップやマネジャー層を中心に、戦略的マネジメントと、意思決定の本質を「教え」、プロジェクトや事業の成功を「支援」し、次世代リーダーを「育成」することを使命としています。

「意思決定」というと、多くの人が「決断の瞬間」をイメージするかもしれません。

しかし、「意思決定のクオリティを高める」とは、決断の瞬間の前後、そこまでの思考のプロセスも含めた、幅広い活動を指《さ》します。

そして、「意思決定のクオリティを高める」という作業のなかには、必ず「伝える」という行動が入ってきます。

たとえばA・B・Cの3つの候補のなかから、A案を採用してほしいという場合に、「A・B・C案のうち、A案が最適」と、思ってもらえるように話をする必要があるのです。

つまり、意思決定のための武器として「伝える力」は必要なのです。

そのように意思決定のエデュサルティングをする日々のなかで、コミュニケーションに関しては、「理系思考」を持っていたほうがうまくいく、と感じるようになりました。理系思考を持っていれば、内容を整理し、伝達し、論理的に議論することが可能になるからです。

そのことに気がついてからというもの、「伝える」ことの目的は、そのほとんどが、次の3つに絞られるということを確信しています。

① 相手と衆知《しゅうち》を結集する（お互いの意見を出し合う）
② 意思決定と決断をする（目的とゴールを明確にする）
③ 次のアクションに結びつける（実際に行動を起こす）

「思った通りのことが正確に相手に伝わる。そして、それが相手の知恵と知識を活用した、より高次元の意思決定とアクションにつながる」

それだけでコミュニケーションは大きく変わるということを、理解しましょう。

理系思考の方程式

1

**「コミュニケーションの目的」＝「意思決定」**

## 理系の伝え方　3つの目的

❶ 相手と衆知を結集する
=
お互いの意見を出し合う

❷ 意思決定と決断をする
=
目的とゴールを明確にする

❸ 次のアクションに結びつける
=
実際に行動を起こす

## スティーブ・ジョブズにはなれない現実

質問です。

「伝える」ということを考えたときに、あなたにはイメージする人物はいますか？

バラク・オバマ、ネルソン・マンデラ、ランディ・パウシュ、孫正義……。

多くの人がそれぞれ、「人の心をつかむ伝え方」をする人物を思い浮かべることでしょう。

そんななか、短い時間で簡潔に伝え、人の心を打つスピーチというと、スティーブ・ジョブズのプレゼンテーションを思い浮かべる人も多いかと思います。

「仕事は人生の重要な位置を占めます。
それに満足したければ、自分の仕事が最高だと思うことです。
最高の仕事をするには、その仕事を愛しましょう。
まだ見つかっていないなら、探しつづけましょう。
安易に落ち着かないでください」

これは、彼がスタンフォード大学の卒業生に向けて贈ったスピーチです。もはや伝説として語り継がれるほど、有名なものとなりました。

## 「個性」は基本の上にある

たしかに、スティーブ・ジョブズの伝え方は、誰から見ても、魅力的であることは間違いありません。しかし、彼のような話し方をあなたも目指すべきかというと、一《いち》概《がい》にそうではありません。普通の人がジョブズのような話し方を身につけるのは、「急に話したこともない外国語をペラペラと話す」くらいに難しいことです。

伝えることが苦手な人は、まず伝え方・話し方の基本を押さえることから始める必要があります。

スティーブ・ジョブズにしても、「伝えたいこと」があったうえで、基本をしっかりと押さえていました。

基本が身につけば、自然と個性は出てくるものです。

「基本」という土台があったうえに、「キャラクター」というコンテンツが乗って、あなたならではの「伝え方」になります。

つまり、いきなり「このように伝えたい」と意気込みすぎずに、まず「何のために伝えるのか」をしっかりと意識し、整理することが大切なのです。

理系思考の方程式 ②

**「伝え方の基本」×「キャラクター」＝「オリジナル」**

# 大前研一氏の「アドリブ力」に学ぶ

「とっさのときにうまく切り返せない」

「こう返答しておけば、もっとスムーズに仕事が進んだのに」

「クライアントを怒らせてしまって、受注が取り消された」

「伝え方」を考えたときに、仕事の場面での「失敗」を思い浮かべる人は多いと思います。なぜ仕事の場面では「伝え方」で失敗してしまうケースが多いのでしょうか。

それは、ビジネスの場は、

① 想定していないこと
② 普段のルーティンにないできごと

以上の2つの連続であるからです。

会社や組織のなかでは、

「この作業に対しては、こう対応する」

というように、ルールが決まっている仕事というのがあります。それらは、ルーティンワークとして対応できるものですが、そういう仕事では「伝え方」で苦労することはあまりありません。しかし、ルーティンワークだけではうまくいかない問題が起こるのが、仕事や人間関係の常です。

## 内容が整理できていれば、アドリブが効く

私がマッキンゼーにいたときに、当時の上司で、すでに著名なコンサルタントとし

て活躍されていた大前研一さんに、こんな話を聞いたことがあります。

大前さんが海外のクライアントの前でプレゼンテーションをしたときに、クライアントの秘書が、本番用の資料を運んでくる途中で、プレゼン用のシートを派手に落としてしまい、内容の順番がバラバラになってしまったことがあったそうです。

普通であれば、

「せっかく話す順番通りに用意したのに……」

と焦《あせ》るところだと思いますが、そこはさすが大前さんです。

「資料はバラバラになってしまったが、まったく問題なかった。完璧なプレゼンテーションができたぞ」

と話していました。

大前さんといえば、東京工業大学大学院で原子核工学科修士号を取得し、その後マサチューセッツ工科大学大学院で原子力工学科博士号を取得している、本格的な「理系」の人物です。ビジネスにおいても、常に「理系思考」で、論理的に考えていました。

私も大前さんほどではないかもしれませんが、同じシチュエーションになったときに、理系思考で乗り切る自信はそこそこあります。

なぜなら、自分が伝えたい内容を、事前に頭のなかでしっかりと「整理」し、「シミュレーション」できているからです。

内容をきちんと理解していれば、想定外のハプニングが多少起きたところで、さほど問題なく伝えることができるということです。

突発的な事象《じしょう》が起きた際に、

「具体的にこのように答えれば必ずうまくいきます」

という答えはありません。

その場で、臨機応変《りんきおうへん》に工夫しながら対応していく必要があります。

しかしそうはいっても、ベースとなる「基本」を押さえておかなければ、臨機応変に対応することもできません。

## 相手に理解してもらう

「伝える」ということを考えたとき、ただ単純に、こちらが言いたいことを言うだけで話が終わる、という状況はほとんどありません。

必ず「内容」を上手に伝えて、相手に「理解」してもらう。そして、伝えたい内容を相手が理解したことによって、相手がまた思考を発展させる、ということが必要になります。

お互いのコミュニケーションのなかで、衆知を結集して、よりよい思考や考え方、そしてそれに基づく意思決定に結びつけていくということがゴールです。

そして、その手段として、「伝える」というスキルがあるということなのです。

理系思考の方程式

③

「内容の整理」×「シミュレーション」＝「アドリブ力」

## 理系思考でアドリブ力を強化する

### ステップ1 内容を整理しよう

①ターゲットは誰か
②案件（課題）は何か
③相手のゴール（求めるもの）はどこか
④自分のゴール（目的）はどこか

### ステップ2 シミュレーションしてみよう

①相手が知りたいことは何か
- 情報

②自分が準備できるものは何か
- アイデア提案

↓

**アドリブ力につながる！**

# コミュニケーションの基本構造は3つしかない

「相手がこう言ってきたら、こう返して……」と、伝えることをいきなり複雑に考えようとする人がいますが、コミュニケーションにおける基本構造は、次の3つに分類されます。

①「内容」↓伝える前に、自分が伝えたい内容を整理すること
②「伝達」↓その整理した内容を実際に相手に伝えること
③「議論」↓伝えたあとで、その内容をもとに相手と話し合ったり、相手の疑問を解消したり、その後の行動につなげること

以上の３つです。

## 話し方より重要なこと

相手に何かを伝える場合には、多くのシチュエーションにおいて、

「その話をもとに、次にどう動くか」

を議論することになります。

議論を、自分の思った通りに進めるには、伝える段階で意識しなければなりません。「伝える」というと、先の３つの基本構造の「伝達」の部分ばかりにフォーカスしがちですが、その前の「内容」を準備することと、そのあとの「議論」をイメージしていくことも、それと同等、もしくはそれ以上に重要なことなのです。

「内容をどうするか」を考え、それを「伝達する」、そして、それに基づいて「議論をし、衆知を結集していく」のです。

それぞれが持っている知識やスキルや思考を合わせることによって、内容をよりよ

いものにし、そのやり取りを通じて合意を形成し、手を携《たずさ》えて、次のアクションに結びつける。理系の伝え方は、「内容」「伝達」「議論」の3つの要素で成り立ちます。

その全体像を理解したうえで、「伝える」ということについて考えていきましょう。


「内容」と「議論」の2つを意識できていない人は、意外に多いものです。

大企業の経営者やエリートと呼ばれるビジネスパーソンには、理系思考を身につけている人が多いと思われがちですが、なかには内容を整理しないでダラダラと話す人や、「結局何が言いたいの」という人もめずらしくはありません。

「伝えることなんて簡単じゃないか」と思っている人ほど、「内容」「伝達」「議論」について、もう一度意識してみることが必要です。

## 理系の伝え方 3つの基本構造

**❶ 内容**

↓

伝える前に、自分が伝えたい内容を
整理すること

**❷ 伝達**

↓

その整理した内容を実際に相手に伝えること

**❸ 議論**

↓

伝えたあとで、
その内容をもとに相手と話し合ったり、
相手の疑問を解消したり、
その後の行動につなげること

## 世界の共通言語は、英語ではなくロジックである

会議や商談の席にいる人たちが、いつも同じ言葉を使っているとは限りません。

そこにいる人たちには、それぞれのバックグラウンドがありますが、コミュニケーションの3つ目の要素の「議論」をするためには、まずは共通の理解がないと、建設的な議論はできません。

「衆知を結集させる」とは、お互いの意見を出し合い共通認識をつくることですが、そのために、誰にでも伝わるように、「ロジカル（論理的）」に伝えるということが大事になってきます。

私はもともと、長く外資系の道を歩んできたために、言語が違う人たちに英語で伝えたり、議論したり、共同でワークをするということが必要でした。

通常は英語でコミュニケーションすることになりますが、私は日本人で、英語は外国語なので、日本語のようにこまかいニュアンスや深い内容というのを伝えるのが、かなり難しいことで苦労しました。

これは私だけではなく、それぞれ母国語でない言語を話す必要がある人たちは全員そうだと思います。

## ロジックは言葉を補《おぎな》う

たとえば、日本語には英語にはない表現というのがあります。

「葉っぱが〝ひらひら〟落ちる」

「街を〝ぶらぶら〟と歩く」

理系思考の方程式 5 「言語」＜「ロジック」

これは一つの例ですが、日本語に限らず、このように他言語で表しにくい言葉というものは多数あります。

その場合の全員の共通言語になるもの。それが「ロジック」、つまり「論理」です。

ロジックが言語の代わりをし、言語を補うのです。

そういった経験から、私は常々「ロジックは言語を越える」ということを提唱《ていしょう》しています。

伝えるという行為をするときには、「ロジック」がもっとも大切な要素になるのです。

ロジックをしっかりと持っていると、「その話はおかしい」と、議論のなかで違和感のある部分を論理的に指摘することも可能になります。

言葉が多少おかしかったり、誤っていたとしても、ロジカルに伝えることができれば、それを修正し、建設的に議論ができることになるのです。

# 第1章

# 「目的」と「ゴール」を可視化する

# 「ターゲット」によって、「方程式」は変わる

# どんな名経営者も、「はじめて聞く話」は理解に時間がかかる

たとえばあなたが、新しい商品を提案するときや、斬新《ざんしん》なコンテンツを仕掛けるときなど、相手がどんな人でも「はじめて聞いた」ということはあるものです。

あなたも、新しい商品などを購入した場合は、最初は説明書を読みながら、使い方を覚えることでしょう。

それは、どんなに「天才」と呼ばれる人たちでも、基本的には同じです。

いかに賢い人や、大企業の社長や役員のような偉い人でも、初めて聞く話に関しては、理解にはある程度の時間がかかるものなのです。

## 批判の大半は「理解されていない」ことが原因

伝える相手が、「自分より頭のいい人」「自分よりも経験を積んでいる人」などである場合、「伝える側」であるあなたは、

〝相手が、自分の言ったことに対して100パーセント理解をしてくれる〟

という前提で話してしまうこともあるのではないでしょうか。

しかしほとんどの場合、それは幻想《げんそう》です。

私自身もエデュサルティングをはじめた当時は、無意識のうちにそのように考えてしまっていたようで、

「なぜ、こんなにわかりやすく説明しているのに、理解してもらえないのだろう」

と、相手のせいにしては、悩んだものでした。

あなたも、自分より目上の立場の人に、新しいアイデアや新規事業の提案などをした際に、否定的な意見をもらったことがあるかもしれません。

しかし、否定的な意見の理由の多くは、

〝しっかりと理解されていない〟

これが原因であるといえます。

その結果、議論がかみ合わないということになるのです。

それを防ぐためには、「はじめて聞く話」をきちんと理解してもらう必要があります。

## 相手をおもんぱかりすぎない

相手が「自分よりはるかにレベルが上の人」と想定する必要はありません。また「自分よりも立場が上の人だから」と遠慮する必要もありません。

それだとむしろ逆効果になることだってあり得るのです。

「周囲の状況などをよく考える。思いめぐらす」ことを、「おもんぱかる」という言い方をします。

通常はいい意味で使われる言葉ですが、おもんぱかりすぎると、「何が言いたいのだ」と、逆に叱責《しっせき》されてしまうような事態も起こり得ます。

あくまでリスペクトは大切ですが、「自分も対等」というくらいの〝いい意味でのふてぶてしさ〟も必要なのです。

それよりも伝える相手がどういう立場の人間であれ、

「このアイデアを伝えるターゲットである」

「衆知を結集するためのパートナーである」

という論理的な考え方でいると、議論はうまく運びます。

理系思考の方程式 6

**「伝える相手」＝「衆知を結集するためのパートナー」**

## コミュニケーションとは、「衆知を結集する」ことである

コミュニケーションの3つの要素において、「内容」の部分が「伝達」と同じくらい重要であるという話は前述しました。

「内容」とは、つまり「誰」に「何」を伝えるか、とも言い換えられます。

それには、「話すことと全体の文脈」を理解することが大切です。

全体の文脈をしっかり理解せず、ゴールも決めずに、話をいつまでもつづけていると、最悪の場合お互いの感情のもつれにつながり、雰囲気が悪くなることもあります。

必ず全体の文脈を理解したうえで、目的とゴール、さらにそこに至るプロセスを事

前にしっかり設計しておく必要があります。

もちろん相手がいることですので、実際にコミュニケーションを取りはじめると、事前に設計したものから大きくずれるという可能性はあります。

それに対する受容《じゅよう》性、つまりフレキシビリティを持っておくことも大切です。設計通りに相手が話に乗ってきて、自分の思い通りにいくだけなのであれば、逆に相手はいらないはずです。

コミュニケーションは機械を相手にするものではありません。

単に相手に理解してもらうだけではなく、相手からも知恵なり知識なりを引き出して、それが刺激剤となり、また自分が考え、内容を深めていくために、コミュニケーションはあるべきだとは思いませんか。

フレキシブルというと、ロジカルとは対極に感じるかもしれません。

しかし、フレキシブルなコミュニケーションも、もともとの論理的な基本設計があれば可能になります。

「当初のゴールから、ここがこう変わってきたな」

ということが、流れのなかでわかるので、ずれていった話の流れをもう一度引き戻したり、新たな展開を設計しなおすことが可能になります。

## 文脈を理解して、ゴールに導く

ここまでは一対一の「双方向コミュニケーション」の一つの場面を想定していましたが、これはすべての場面に共通します。

たとえば、1週間のうちに2回、各2時間の「部内ミーティング」があるのだとすれば、その部内ミーティングという「伝達」の時間は、1週間の仕事のなかで、どういう位置づけにあるか。

さらにはその1週間だけではなく、3ヵ月のなかではどういう位置づけになるのか、というのを理解することが必要です。

「社運を賭けたビッグプロジェクトのミーティング」と、「毎週月曜日の朝礼」では、位置づけも力の入れ方も、まったく違いますね。
これが「文脈を理解する」ということなのです。
自分がそこまで文脈を理解していれば、内容がよりロジカルに相手にも伝わります
し、目的も達成しやすくなります。
だから「相手」と「ゴール」を大切にするということが重要なのです。
自分が事前に考えた内容、あるいは実現したいアイデアというものを、相手との双
方向コミュニケーションによって、よりよいものにするのです。

理系思考の
方程式
7

## 「伝える」＝「双方向コミュニケーション」

## 「ゴール」は変わるものであると理解する

相手と自分、自分とその他大勢の人たち、人と人とがコミュニケーションを取る際、必ずといっていいほど、〝相手に求めるもの〟があります。

ビジネスの場面はもちろん、何気ない友人との会話でも、無意識のうちに、

「こうしたことをしてほしい」

「こういうことを聞かせてほしい」

という、〝相手に求めるもの〟があるのです。

その〝相手に求めるもの〟を知ることができれば、コミュニケーションはより円滑

になります。

まず、こちらが相手に何を求めるか、またそのベースとして、相手がこちらに何を求めているかを考えるには、「相手そのもの」を知る必要性があります。

そもそもなぜその事柄を伝えたいのか？

まずはそれを考えましょう。

相手から何らかの知識なりアイデアなりをもらうことを期待するケースもあれば、自分の知識やアイデアを理解してもらって、相手の協力をあおいで、実行したいことがあるという場合もあります。

## 立場によって伝える方法は変わる

たとえば部下が相手であれば、相手の持っている「若さ」や「エネルギー」「柔軟な発想」「忠実さ」といったことに期待し、伝える。

相手が上司であれば、相手の持っている「権限」や「裁量」を欲しいがために、伝える。

同じ内容でも、部下に伝えるときと上司に伝えるときでは、内容の説明の仕方、あるいは、目的へのフォーカスの仕方も違ってきます。

双方向コミュニケーションのなかで、相手に何を期待するかを考えれば、自ずと内容も変わってきますし、伝達の仕方も変わってくるのは当然です。

そして、議論を通じて、目指すゴールも違ってくるのです。

先に挙げた上司と部下の関係であれば、相手が部下の場合は、「もともと自分の考えていたアイデアを実行するにあたって、こまかいところまでよく知っている部下が理解したうえで、具体的に動けるようにする」、また場合によっては、「彼らの若い発想や現場の実態に関する知識により、原案を改善する」ということがゴールです。

相手が上司である場合は、「納得してもらう」あるいは、「それをある程度改善したうえで、相手の権限で『やっていいよ』と許可をもらう」のが、ゴールになります。

したがってその場で何をするか、相手に何を期待するかによって内容も違ってくる、伝え方も変わる、議論のゴールも異なる。

そういう意味で、ターゲットの相手をしっかり理解することが大事です。

理系思考の方程式

⑧

**「相手に求めるもの」×「相手の立場」＝「ゴール」**

# 論理的に相手を有効活用する

自分が伝えたい内容や伝え方が、「相手にどう捉《とら》えられるか」ということも、当然考える必要があります。相手に何かを期待するからには、コミュニケーションのなかで、相手にとって興味があること、役立つことをこちらから提供することが大切です。

当然ですが、相手にとって嫌なことを避けるということも考えましょう。

ただし、こういったケースもあります。

それは、相手の嫌なことに〝あえて突っ込まなければいけない〟ケースです。

その場合は、嫌なことに対する悪いリアクション、つまり副作用をいかに防ぐかということも考えないといけません。

## 人格を尊重しつつ、利用する

「相手の立場に立って考えましょう」

と、しばしば言われます。

決してこれを、「相手に気に入られるには」「相手の機嫌を損《そこ》ねないためには」というネガティブな発想で捉えてはなりません。そうではなくて、

〝相手の持っている能力なりスキルなり権限なりを、最大限活用するには？〟

というふうに考えましょう。

すこし合理的、あるいは功利的《こうりてき》すぎるように聞こえるかもしれませんが、衆知の結集の出発点は、そこにあります。

もちろん最終的には、人として、チームとして、「ロジカルな合意」だけではなくて、感情的にも「一緒にチームでやっていこう」となるのが理想です。

嘘をつかない、騙《だま》さないなどは基本の「基」ですが、相手の人格（＝能力・スキル・権限＋感情・人となり）を尊重することは、ロジカルなコミュニケーションにおいて必要な要素です。

相手にできるだけ貢献《こうけん》してもらいたいというときには、場合によっては、「この人はまず、この話をしたら興味を持ちそうだ」というところから入るのもテクニックの一つです。

しかし、テクニックはあくまでも最後の手段で、逆にそちらばかりにフォーカスしていると、小手先のコミュニケーションになってしまいます。

目的とゴールと文脈という観点からすると、それではいけません。テクニックが無駄だとは言いません。本質を押さえたうえでのテクニックはもちろん有効ですが、そこから入るのでは「理系の伝え方」とは言えないのです。

理系思考の方程式 9

## 「相手の立場で考える」＝「相手を最大限有効活用する」

COLUMN

# 01 大企業の社長も、自分と同じ人間である

「自分よりも偉い人たちは何でも知っていて、すごく能力がある」

「自分たちが多少下手な伝え方をしても、きちんと理解し、そこから判断してくれる」

目上の人というだけで、そんなふうに思ってしまうことがありませんか。

ある大手企業に勤める私のエデュサルティングの受講生が、会社のトップにプレゼンテーションをしたときに、こんなことがあったそうです。

その受講生が、経営陣にビジネスプランや戦略を提示して、

「このような施策で10年後にこのようなことが達成できるので、それを目指します」

と、10年先を見越した戦略の提案をしたそうです。

するとその社長に、

「10年先に儲かると言うが、今期の収益数字で四苦八苦《しくはっく》するなかで、せめて2〜3年で成果が出る案を持ってこられないのか？」

と言われたそうです。

変な言い方ですが、このときその受講生は、

「あれ？ うちみたいな大きな会社の社長、ましてや世間で名経営者と呼ばれるような人でも、意外と〝普通〟なんだな」

と感じたそうです。

しかし考えてみれば、社長といっても、それが個人としての普通の感情でしょう。

「どんな大企業の有名経営者でも、自分と同じ人間なんだ」

そう考えて、対応する必要があるときもあるということです。

逆に、相手は「自分とはまったく違うすごい人」という想定をするのは、非現実的なのです。一人の人間として共感を持って話をする。そういう伝達の仕方も大切です。

# 第2章

# フレームワークを用いて、伝える内容を準備する

# ロジカル発想で、相手の意思決定を導く

# 「準備」に全体の60%を注力する

コミュニケーションの3つの基本構造の、「内容」がいかに大切であるかは、ここまで読んでいただいて、ご理解いただけたかと思います。

つまり、コミュニケーションを取るうえで、内容を整えるための「準備」にもっとも力を入れなければならないのです。

伝え方がうまくいかない人の8割は、この「準備」がなっていません。

まず意識するべきところは、話の内容が「相手にとって役立つ情報であるか」ということです。

そもそも魅力度の低い内容を、一生懸命相手に伝えようとしても、「労多くして功少なし」です。そして、さらにその内容がロジカルに整理されていなければ、伝達作業がより難しくなってしまうのです。

## コミュニケーションのリソースバランス

伝えるということにおいて、それぞれの要素にどのようなリソースバランスを持って注力するべきかを、簡単にまとめてみると、次のようになります。

① 準備（伝える内容を整理する）＝60％
② 伝達（実際に伝えていく）＝15％
③ 議論（相手との衆知を結集し、意思決定する）＝20％

このようなリソースバランスを意識して伝えるようにしましょう。

話し方のこまかな「テクニック」の部分は、残りの5%程度意識しておけばいいでしょう。

「準備」のなかに、①の内容の準備に加えて、②の伝達や、③の議論の事前設計やシミュレーションまで含めれば、「伝わるかどうかは準備で8割決まる」と言っても過言ではないのです。それほどまでに、準備が大切です。

伝えることが下手なのではなく、準備がなっていない。だから伝わらないということを知るべきです。

準備によって、相手の心に響くかどうかが決まります。

相手がわかってくれない、どうやったら伝わりますかという悩みのほとんどは、準備と内容で解決できるといっても過言ではありません。

理系思考の方程式 10

**「準備：60％」＋「伝達：15％」＋「議論：20％」＋「テクニック：5％」**

議論に臨む前のリソースバランス

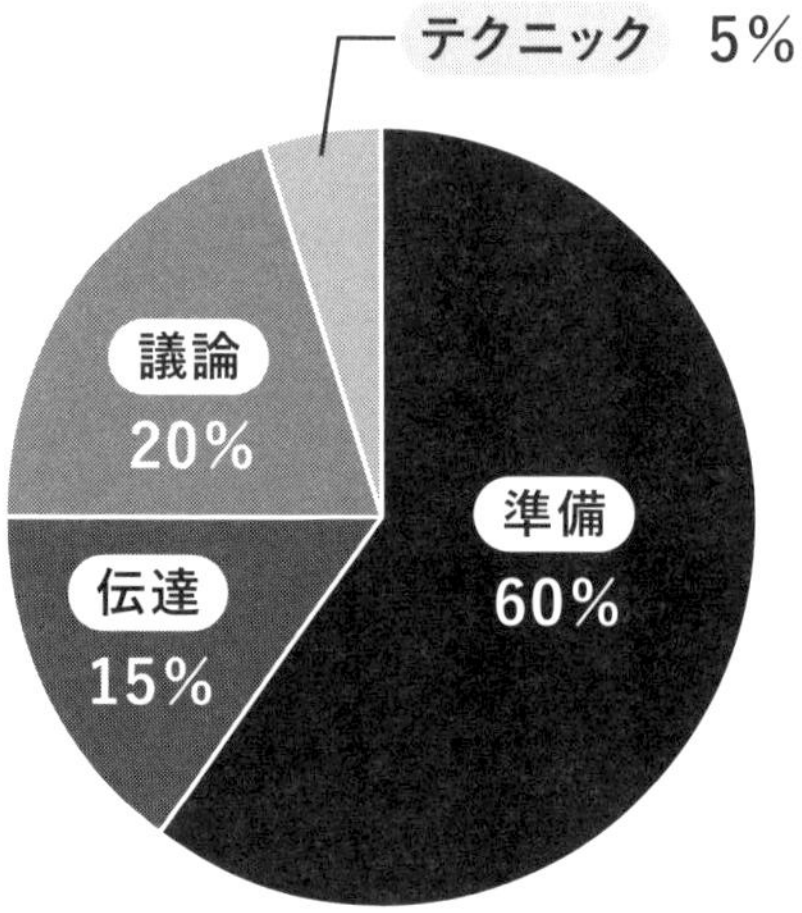


準備 = 伝える内容を整理する

伝達 = 実際に伝えていく

議論 = 相手との衆知を結集し、
意思決定する

テクニック = 話し方のコツや動き

# 「小さなゴール」を設定する

コミュニケーションを成功に導くためには、その議論における「目的」と「ゴール」を設定する必要があります。しかしながら、一回の議論ですべてゴールまで持っていこうと考える必要はありません。

どんな人でも、プレゼンテーションや、ワークショップや、一対一の交渉など、一日のなかに10分、30分、あるいは2時間、何かを「伝達」する時間、つまり「伝える時間」というのが、多かれ少なかれあるものです。

この本を読んでいる多くの人がビジネスパーソンだと思いますので、会議の場面などを想像していただくとわかりやすいでしょう。

たとえば新商品の企画会議など、一回の議論だけでは終わらないような「伝達」の時間があったとしましょう。

その場合は、毎回の議論ごとに「小さなゴール」を設定することが大切です。

一回目の議論では、「新商品の企画の方向性はどうするか」をゴールにする。

二回目の議論では、「ターゲットとなる顧客は誰を想定するか」をゴールにする。

以上のような具合に、毎回の伝達において、「小さなゴール」を目指して議論をおこなうのです。

この「伝達」の2時間を使ったことによって、「どういう状況になったら成功と言えるのか」を意識することが大切なのです。

そして、「小さなゴール」の集積（かけ算＝Π《パイ》）によって、大きな目的を達成させるのです。

## 議論を成功に導くゴール

「目的」を達成するために、「ゴール」に向けてどのようなプロセスで伝え、議論するか。しっかりと文脈を頭のなかに入れたうえで、伝えるという行為をおこないましょう。ゴール設定をしていなければ、たとえ話が盛り上がっても、「結局今日何の話だっけ」と、雑談に終わってしまうこともあり得ます。

雑談も、人間関係の潤滑油《じゅんかつゆ》という意味では、当然必要なことなので、それはそれでいいでしょう。

しかし、もし仕事の場面において「伝える」ということであれば、それが時間の無駄使いになっていることは明白です。

理系思考の方程式

11

「大きな目的」＝Π「小さなゴール」

# 伝える内容を整理する「思考のフレームワーク」

内容がロジカルに整理されていれば、伝え方自体も必然的にロジカルになります。

では、どうすれば内容をよりロジカルに、整理することができるようになるのでしょうか？

内容を整理するうえで、まずもっとも大切なことは、〝自分自身がしっかり理解できる〟ことです。

じつは、内容が伝わらないときというのは、そもそも自分もよく理解していないというケースが多いのです。

① 自分自身がしっかりと内容を把握する
② どのような文脈で話をするのか考える

この2つを整理することを意識しましょう。

これができていれば、頭が真っ白になるようなことや、パニックを防ぐこともできますし、想定外のことにもある程度の対応ができるようになります。

## 思考のフレームワークとは？

では具体的には、どのように内容を整理すればいいのでしょうか。

それにはまず、「思考のフレームワーク」を活用するのがいいでしょう。

「フレームワーク」とは、直訳すると「枠組み」のことで、意思決定をおこなう際の基礎となるアイデアや構造、規則や思想のことです。

ロジカルシンキングの本などでよく出てくる考え方で、コンサルティングやマーケティングの現場でも実践されているものです。

フレームワークにはいくつもの種類があり、ここでは私自身もよく使用するフレームワークをご紹介していきます。話の内容によって、利用するフレームワークは異なりますが、ここではいくつか挙げてみたいと思います。

①「3C」
3Cというのは、自社のおかれた環境を「Company（自社）」「Customer（顧客）」「Competitor（競合）」の3つの観点で整理するツールです。なお、「競合」は、競合他社というだけでなく、競合商品やサービス、また競合ビジネスモデルまで含めた、広い概念で捉えます。

②「4P」
4Pは「Product（製品）」「Price（価格）」「Place（流通）」「Promotion（宣伝販促）」

の、マーケティングに関する4つの要素で整理する方法です。

③「SWOT」(スウォット)

SWOTは、目標やプロジェクトを成功させるために、意思決定を必要としている組織や個人などにおいて、外部環境や内部環境を「Strengths(強み)」「Weaknesses(弱み)」「Opportunities(機会)」「Threats(脅威)」の4つのカテゴリーに分けて、それぞれの要因を分析し、戦略案を策定《さくてい》する際のツールです。

このような思考のフレームワークを使った例は後述しますが、伝える内容のトピック次第で、相手にとっても比較的慣れているフレームワークツールを使うと、コミュニケーションが円滑に運びます。

これは内容をつくるうえでも非常に有効ですし、そこから伝えるために内容を整理するというときにも有効です。

ただし、フレームワーク初心者や二流のコンサルタントによく見られる傾向ですが、思考のフレームワークを「バカの一つ覚え」のように、いつでも同じ方法で使ってしまう人もいます。

適切ではない場面において、何でも「ＳＷＯＴ」で考えるといったように、課題検討の本質からずれてしまっているのです。

そうではなくて、その場面に合ったものを使う必要があるのです。

逆に言うと、その場に応じて臨機応変に対応できるよう、多くのパターンを頭のなかに常に持っておいたほうがいいでしょう。

理系思考の方程式 12

## 「フレームワーク」＝「思考整理のツール」

# 「新しい提案」をするときの「伝え方のフレームワーク」

## 「6W2H」と「5WHY」

新しいアイデアや、新規事業の提案のときには、私が提唱している「6W2H」と「5WHY」という2つのフレームワークを使って話すと、非常に理解が早くなります。

「6W2H」というのは、

①「Who（誰が）」
②「with Who（誰と）」
③「What（どんな新商品やサービスを）」
④「Whom（どんな顧客に）」
⑤「Where（どこで・どの市場で）」
⑥「When（いつから）」
①「How（どのように売って）」
②「How to collect money（いくらで・どうお金をもらうか）」

といったビジネスモデルの基本要素を表したフレームワークです。

「5WHY」というのは、とくに新規事業の魅力度や必然性の骨子《こっし》になるものです。

①「なぜそこに着目したのか」
②「なぜお客様は買ってくれるのか」
③「なぜ競合に勝てるのか」
④「なぜ儲かると言えるのか」
⑤「なぜ、世のなかのトレンドに照らし合わせ、今回の提案が理にかなっていると言えるのか」

という、新規の提案に関する説得力への5つの質問のことです。

実際に伝えるときには、この2つのフレームワークを意識して伝えると、論理的なコミュニケーションを図ることができるでしょう。

理系思考の方程式 13

**「新規事業の提案」＝「6W2H」＋「5WHY」**

# 籠屋式　付箋《ふせん》メモ

準備する、内容を整理する、ということはとても大切なことですが、忙しい日々においては、そのために多くの時間を割くということができないケースが多いものです。

そこで、「伝える」前の準備の技術として、付箋を使うことが有効です。

## 人間の思考は連鎖する

私たち人間は、日々気になることや課題を抱えています。

たとえば「子育て」に関する課題が、自分の潜在意識のなかにあるとき、ある人がポロっと言った一言に刺激されて、自分の子どもの顔が浮かんでくることがあります。そこから思考が連鎖していきます。

①「昨日、子育てのことで奥さんと喧嘩してしまった」
←
②「最近、奥さんの母親、つまり義母とうまくいっていない」
←
③「先日、義母の友人の中国人に会った」
←
④「中国といえば、先日ニュースで問題になっていたな」
←
⑤「それを受けて、アメリカはどう発言するんだろう」

①から始まった話から、前ページのような思考に連鎖していきます。一つの極端な例ですが、①では「子育て」のことを考えていたのに、⑤では思考が「アメリカ」まで飛んでいってしまう。

こうしたことはあなたにも経験があるのではないでしょうか。無意識のうちに人間の脳は思考が連鎖していくことがあるのです。

つまり、そのときどきの刺激で、アイデアが浮かぶということです。クリエイティビティという意味では、連鎖的思考はとても有効なのですが、一方、いつアイデアが浮かぶかわからないということなので、デスクに腰を据えて、「さあ準備しよう」と、時間を取ったところで、非効率な場合もあります。

そこで、急なアイデアに対して準備ができるように、私は常に付箋を持ち歩くようにしています。

アイデアが出てきたら、その都度付箋にメモ程度に書いて、たまってきたらノートやパソコンに整理する。

整理している途中にまたアイデアが浮かび、悩みや考えが、より洗練《せんれん》されていく。アナログに思われるかもしれませんが、事前シミュレーションを充実させるという意味で、付箋は非常に有効であるのです。

ちなみに、あとでメモ同士を関連づけて整理できるように、紙に貼れるタイプの付箋がお勧めです。

付箋ではなくて、いまはスマホのアプリに書き込むようなものもありますので、そちらのほうが自分に合っているという方は、もちろんそれでもいいでしょう。

要は、思いついたときにすぐにかたちに残すということが大切なのです。

次のページに、本書の企画の打ち合わせを担当編集者としていた際に、私がかたちに残した付箋メモの写真を載せておきます。是非、参考にしてみてください。

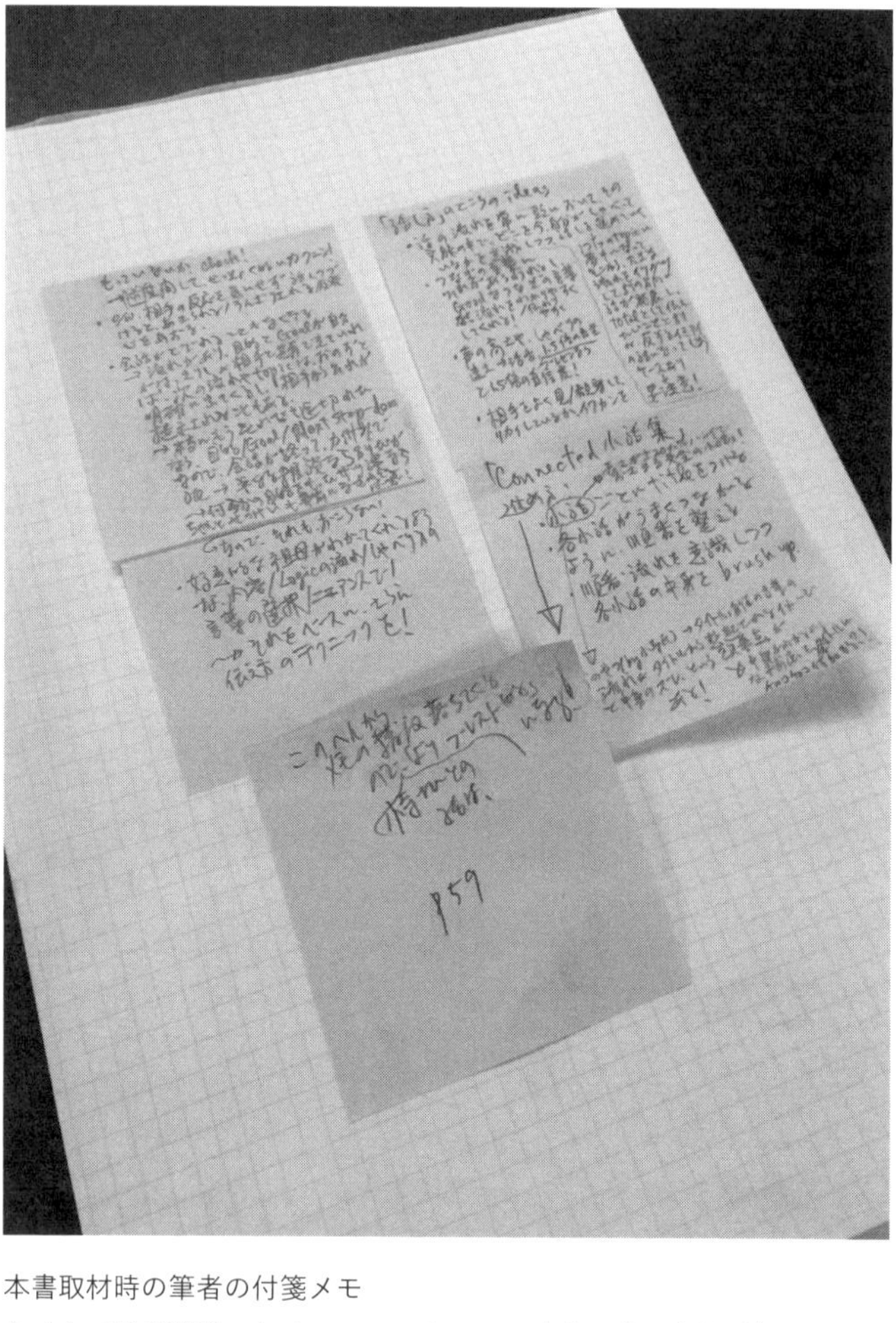

本書取材時の筆者の付箋メモ

あくまで思考整理のためのツールなので、文字の美しさなど気にする必要はない

# 現状を理解するフレームワーク「3C」

内容を整理するための思考のフレームワークを、いくつか簡単にご紹介させていただきました。しかし、あくまで「伝え方」の本である本書においては、もっともポピュラーな「3C」について、ここでは例を挙げて、説明させていただこうと思います。

この本の読者にはビジネスパーソンが多いかと思いますので、ビジネスの場における状況で考えてみましょう。

前述したように、「3C」というのは、自社のおかれた環境を、次の3つの観点で整理するツールです。

①「Company（自社）」
②「Customer（顧客）」
③「Competitor（競合）」

## 3Cの実践

それでは、実際にある場面を想定して考えてみましょう。

まず、前提として、自社で「売上が落ちている」「利益率が落ちている」という状況を想定します。ここでは、あなたが食品メーカーで働いていることにしましょう。

たとえば、冷凍食品事業の「製品別」あるいは「地域別」のセグメントで、どこの売上が落ちていて、どこの利益が落ちているのか、逆に伸びているところはどこなのか、という分析を最初にします。

当然の課題として、「伸びているところをもっと伸ばし、落ちているところは回復させる」ということがあります。

本来であれば、売上が伸びて、さらに利益が出せるはずなのに、それがうまくいっていない。それを問題と捉え、改善することが必要になってきます。

この改善案を出すときに、「3C」というフレームワークを知らないと、次のような思考をしてしまうケースが非常に多いです。

「まずい……。冷凍食品事業の売上が落ちてきた」

「営業部員をもっと投入しなければ」

「営業のやり方をもっと効率化しなければ」

というように、「自社で何が起きているか」だけを分析して、そこからアクションをする提案を、すぐにつくってしまうのです。しかしこれでは、3Cのうちの「Company（自社）」しか考えていないということになります。

ところがよく見てみると、顧客セグメントによって、「売上が落ちている顧客セグメント」「売上が伸びている顧客セグメント」というのが明確に分かれているケースが多いものです。

その場合は3Cのうちの「Customer（顧客）」にもフォーカスしなければなりま

せん。なぜならば、売上が落ちているセグメントは、もともと顧客数が減っていることも考えられるからです。

すると「営業部員を増やす」「効率を上げる」という次元の話ではなく「客自体がいなくなっているのでは？」ということにフォーカスする必要があるのです。

そこに気がつかずに、自社のなかだけを分析しても、正解や充実した内容は出てきません。「顧客」と「自社」を掛け合わせることによって、洞察《どうさつ》が深くなるのです。

さらに複雑な例でいえば、同じく売上が伸びているセグメントでも、「大きく利益が上がっている」というセグメントもあれば、「売上が伸びていても利益は上がっていない」というセグメントもあるでしょう。

それをよく見てみると、競合関係が影響をおよぼしていることがあります。

市場全体が伸びているのであれば、競合が3社あると仮定して、同程度の顧客シェア率、または多少差があったとしても、顧客数自体が増えているので、4社ともに売上は伸びて、利益も順調に上がります。

ところが、売上が上がっていても、利益は下降気味であるということであれば、それは、いままでとはまったく別のビジネスモデルを持ったような競合が入ってきているることが想定されます。あるいは、いままでの競合とは違うタイプの会社が、業界の常識を大幅に覆すような低価格で参入してきたということもあり得ます。

市場全体が伸びているので、売上は上がってはいる。しかし、新規参入の企業や新しいタイプの競合に対して、シェアを減らされないように一生懸命になる。結果、元々のコスト構造があまりにも違うために、売上自体は伸びても、利益はマイナスに近くなっている、ということがよくあるのです。

新しいタイプの競合との戦いという意味では、最近の興味深い事例としてクラウドコンピューティング事業が挙げられます。

それまで、伝統的な国内大手ITベンダーが従来型のソフトウェア・パッケージ事業やホスティングサービス事業に勤《いそし》んでいたときに、グーグルやアマゾンといった事業者が、新しいクラウド事業で従来型のホスティング事業のシェアを奪いました。

グーグル等が技術革新による安価なクラウド事業を展開するなかで、既存のITベンダーはその領域を避け、高信頼性が必要な領域に行かざるをえなかった。その結果、安価なクラウド事業はグーグル等の独壇場となった、という事例です。

このケースの場合、グーグルやアマゾンは本業分野で稼ぐためにつくった巨大なデータセンターや膨大な数のサーバーというアセット（資産）を、クラウド事業に転用できたので、追加コストもミニマムですみました。それと同じ土俵では、既存のITベンダーは当然のことながら苦しい戦いを強いられるわけです。だからこそ彼らは、安価なクラウド事業を避け、彼らの強みを活かす事業領域を追求したわけです。

まさに「競合」を意識した戦略が必要であるという、典型的な例と言えるでしょう。「3C」、つまり「自社」だけでなく、「顧客」と「競合」の3つのなかで考えることがいかに重要か、おわかりいただけたことと思います。

## 3Cはどんな状況でも使える

今回はビジネスの場において「3C」を考えましたが、これは当然様々な場面で応用できる考え方です。

たとえばプライベートな恋愛関係においてもそうでしょう。

「自分のことだけ見てほしい」と、3Cにおける「Company（自社）」だけにフォーカスしていては、うまくいかないのは当然ですね。

相手もいれば、ライバルになる存在もいるわけです。

そういったことを冷静に分析し、思考を整理し、いざコミュニケーションに臨む必要があるわけです。

理系思考の方程式 15

**「最良の答え」＝「自分」×「相手」×「ライバル」**

3Cで思考を整理する

❶ Company（自社）
❷ Customer（顧客）
❸ Competitor（競合）

自分と置き換える

↓

❶ 自分
❷ 伝えるべき相手
❸ ライバルの存在

# 内容の捉え方は的確か？「MECE」と「LISS」で考える

ロジカルシンキングの議論などで必ず出てくる「MECE（ミーシー）」という論理学の考え方があります。

「MECE」とは、Mutually Exclusive Collectively Exhaustive の略で、直訳すると「相互《そうご》に排他的《はいたてき》な項目による集合網羅《もうら》的な全体集合体」という意味です。

難しく感じるかもしれませんが、一言で言ってしまうと、「重複なく、もれなく」という意味で、戦略策定や経営コンサルティングでよく使われる考え方です。

どういうことかわかりにくいと思いますので、ここで一つ例を挙げましょう。

## この状況は「MECE」か？

先の続きで、食品メーカーにおいて、新しい冷凍食品を開発したときに想定される顧客を、①「男性」②「女性」③「高齢者」の3つにセグメントしたとしましょう。

これは「MECE」と言えるでしょうか？

答えは「MECEではない」です。

このケースで考えると、「男性」と「女性」と「高齢者」というと、「高齢者」は男なのか女なのか、性別がわかりません。

高齢者にも性別があり、男性か女性のどちらかです。

つまり「高齢者」というセグメントは「男性」か「女性」、どちらかと重複しているということになります。

だからこれは「MECE」ではないのです。

では、この場合はどう考えるのが正解なのでしょう。

①「若い男性」
②「若い女性」
③「高齢者の男性」
④「高齢者の女性」

こう考えれば、重複ももれもありません。

つまり、「相互排他的（重複なく）」かつ、4つ合わせれば、性別と年齢という捉え方でセグメンテーションした場合の「集合網羅的（もれなく）」として成立します。

これが、「性別」と「年齢」という切り口で顧客を捉え、そのうえで顧客を「若い男性」「若い女性」「高齢者の男性」「高齢者の女性」と4つのセグメントに「MECE」に分類した、ということになるのです。

多くのロジカルシンキングの本などで、難しく書かれていますが、「MECE」の概念は本来、こんなにも単純な話なのです。

MECEでセグメントする

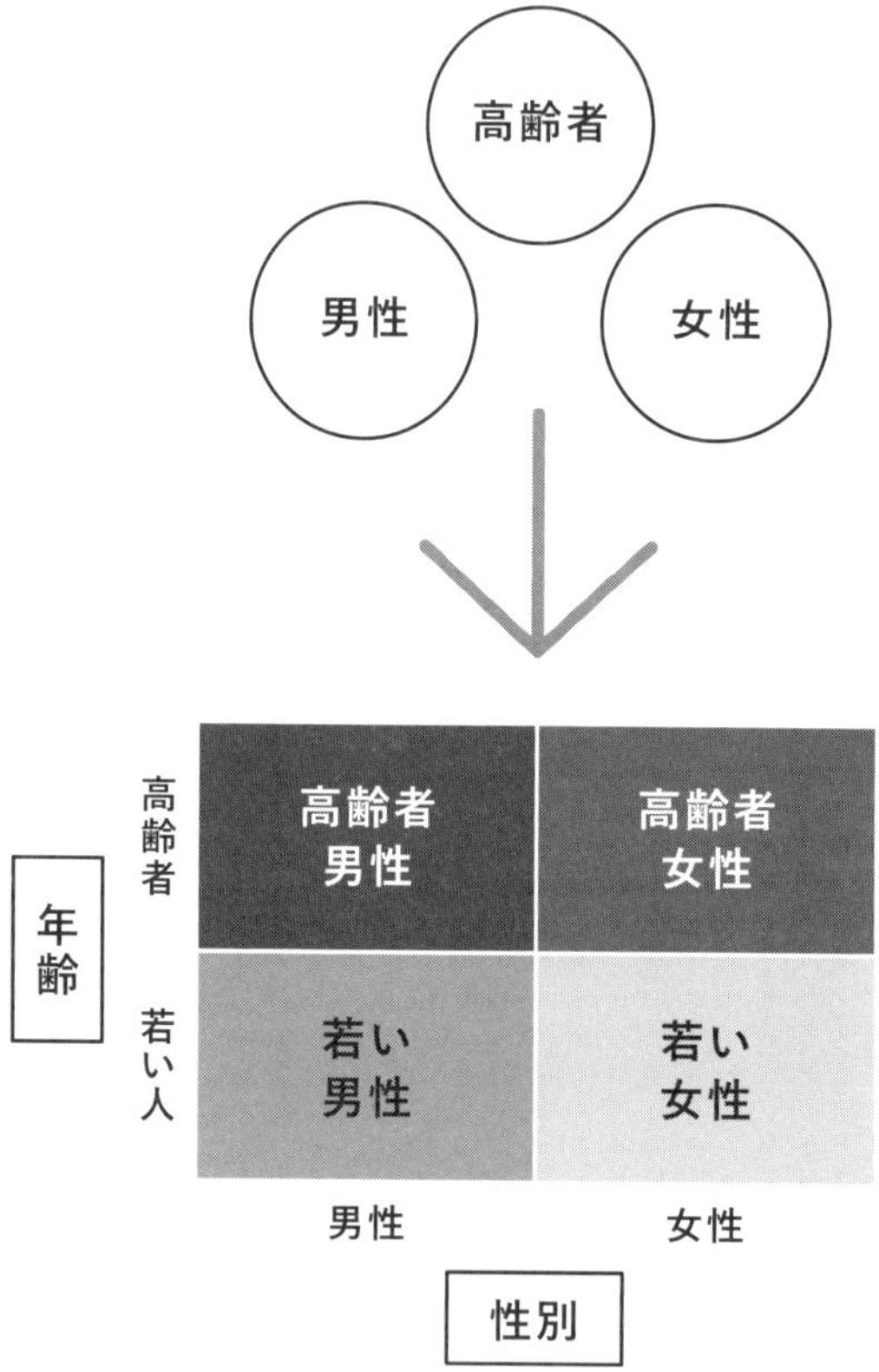

## 「MECE」よりも、より本質的な「LISS（リス）」

ロジカルシンキングの書籍などでは、「MECE」が非常に重要な概念として取り上げられ、先に挙げた「3C」「4P」「SWOT」などが、「MECEなフレームワーク」の例として示されています。

しかし私に言わせると、「MECE」そのものよりも、「何の観点でMECEか」を想定する「LISS」という概念のほうがより本質的です。

先に挙げた「男性」「女性」「高齢者」のセグメンテーションの例を整理すると、このような考え方をしていることになります。

①「性別」と「年齢」という2つの切り口で顧客を捉える

↓

②顧客を「若い男性」「若い女性」「高齢者の男性」「高齢者の女性」と4つのセグメントに「MECE」に分類する

じつはここでより本質的なのは、4つの「MECE」のセグメントに分けるという行為よりも、その前に顧客を「性別」と「年齢」という2つの切り口（座標系）で捉えたことです。この「性別」と「年齢」が「LISS」なのです。

「LISS」とは、「Logically Independent（論理的独立）」で、「Spanning Set（包《ほう》括《かつ》座標系）」という意味で、それぞれの頭文字を取って「LISS（独立包括座標系）」と呼んでいます。理系の出身者であれば、記憶の片隅に数学の一分野である線形代数で「Linearly Independent Spanning Set（線形独立包括座標系）」という概念を習ったことを覚えている人もいることでしょう。このLinearlyをLogicallyに置き換えて、私が造った用語が「LISS」なのです。

この場合は、「性別」と「年齢」という2つの座標軸は、〝論理的に独立〟かつ、〝この2つですべての顧客を捉えることができる〟として成立しますので、「LISS」と言えるのです。

## ＬＩＳＳとＭＥＣＥ

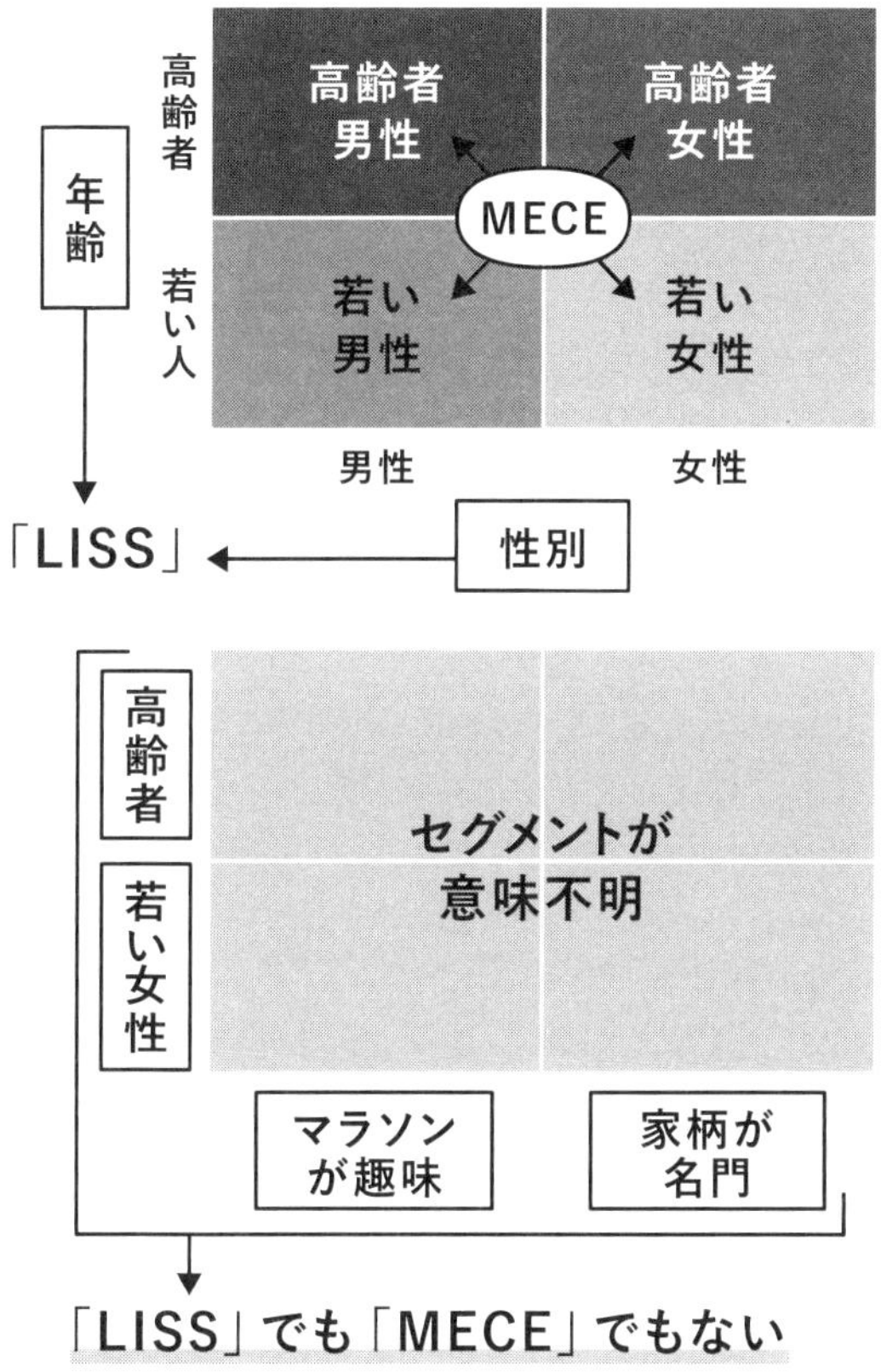
高齢者
若い人
年齢
高齢者男性
高齢者女性
MECE
若い男性
若い女性
男性
女性
「LISS」
性別
高齢者
若い女性
セグメントが意味不明
マラソンが趣味
家柄が名門
「LISS」でも「MECE」でもない

この「ＬＩＳＳ」の概念で考えると、多くのロジカルシンキングの本で「３Ｃや４Ｐなど、ＭＥＣＥなフレームワークでとらえる」とされるのは、正確には「３Ｃや４ＰなどのＬＩＳＳなフレームワークで、検討対象をＭＥＣＥにとらえる」ということになります。

結局何が言いたいか、話を戻しましょう。

つまり伝えるべき内容の整理において重要なのは、たとえば先に挙げた顧客セグメンテーションで言えば、〝今回の検討において、「性別」と「年齢」という「ＬＩＳＳ」で捉えることが的確かどうか〟ということなのです。

「性別と年齢」がいいのか、「年収と趣味」がいいのか、考えうる様々な「ＬＩＳＳ」のなかから、もっとも適切な「ＬＩＳＳ」を選定し、「ＭＥＣＥなセグメンテーション」をして、情報を集め、分析していくのです。

先の「３Ｃ」の実例で言えば、自社・顧客・競合の捉え方は「ＬＩＳＳ」。さらに顧客（市場）を「製品別」「地域別」という、より細目《さいもく》の「ＬＩＳＳ」で捉えるということになるのです。

具体的に的確な「ＬＩＳＳ」を選定するには、どういう切り口でセグメントしたら、問題なり課題なりの本質がもっともよく見えるかということを考えます。

その課題ごとの「ＬＩＳＳ」候補を2～3個挙げて、試してみましょう。

この切り口が鈍いと、セグメントごとの特色が現れにくくなりますし、鋭ければ鮮明に浮かびあがってくるのです。

## 「ＬＩＳＳ」はフレキシブルに使える

たとえば、これを「テレビＣＭ」という例で考えてみましょう。

新婚の夫婦に向けた商品を開発し、それをテレビＣＭで売っていこうという場面を想定します。

まず「ＬＩＳＳ」の考え方を参考にし、売りたい商品に関して、顧客の何を重要項目としてセグメントするのかを考えます。

年齢なのか、性別なのか、育った国なのか、あるいは趣味なのか。どういった切り口で、メインの顧客層をまず探すのかというところを明確にする必要があるのです。

その商品を求めるのはどのような人なのかという視点で考えます。

パートナーと趣味などを通じて常に一緒に活動をしていたい、という夫婦をメイン顧客に据える場合には、「趣味」と「年齢」という「ＬＩＳＳ」によるセグメンテーションになるでしょう。

亭主関白な家庭をターゲットとして想定する場合は、奥さんは家庭を守って、子どもをしっかり産み育ててほしいのだろう、と考えるでしょう。すると、セグメントは「家事」と「健康」という「ＬＩＳＳ」の切り口になります。

歴史のある名門一族の人たちの場合は、「家柄」と「礼儀正しさ」でセグメンテーションということがあるかもしれません。

## 「イシューレイジング」を徹底的におこなう

課題や内容の捉え方、「ＬＩＳＳ」の設定の仕方に関して、もう一つ、具体的なわかりやすいエピソードを挙げてみましょう。

たとえばあなたが転職して、営業という職種をはじめて経験するとしましょう。最初は営業の方法や考え方などについて、上司の人から学んだり、本を読んで勉強したりすることでしょう。

すると、自分のなかで「こうしたらいいかもしれない」「こういうところが心配だ」ということがいくつも出てきます。

この要因やアイデアを、どんどん挙げていく作業を、専門用語で「イシューレイジング（論点の洗い出し）」と呼びます。

イシューレイジングでは、とにかく最初に思いつくこと、気づくことなど、できる限り多くの論点を挙げていきます。そのリストを見ていくと、

「ああ、いままで気づかなかったけど、私は営業の大事なポイントを、この３つの切り口で考えている傾向があるな」

というものが出てきます。

また、何か参考になるような本や、共感するようなことが書いてある本が２〜３冊あったら、そのなかから様々な切り口（ＬＩＳＳ）を取り出してきて、自分が出してきた切り口と照らし合わせてみます。

すると、

「ああ、こういう切り口が抜けていた」

ということがわかり、そこを充実させていけば、より的確な「ＬＩＳＳ」をつくり上げることができるのです。

### 見落としていることに気づく

イシューレイジングで出てきた論点のリストを整理すると、見落としに気づくことができます。

具体的にはたとえば、

「〝営業目標の達成〟ばかりにフォーカスしていたけど、〝顧客満足〟という観点が抜けていた」

ということに気づくことができるのです。

ある課題に取り組むときに、知らず識らずのうちに、自分たちの頭のなかに、暗黙《あんもく》の前提や盲点《もうてん》・死角があるのは仕方のないことです。

そのような場合でも、イシューレイジングからの「LISS」の抽出《ちゅうしゅつ》という作業を愚直におこなっていけば、最初は明確には認識していなくても、やっていくうちに自分がどういった論点や切り口を重視しているか、あるいは逆に見落としているかが見えてきます。

これにより、あとになって、
「あっ、なんであんな大事なことを忘れていたんだろう」
ということが最小限ですむようになるのです。

## 「LISS帳」作成のススメ

徹底的なイシューレイジングから的確な「LISS」を見出していくプロセスをお話ししましたが、常にゼロからこの作業をおこなっていくのは、効率的にはお勧めできません。

取り組む課題ごとにまずは、先に挙げた「3C」「4P」「SWOT」といった典型的な「LISS」のフレームワークツールを入り口として使ってみるといいでしょう。

私はコンサルタントになった最初の一年間、「LISS帳」というものをつくっていて、自分にとって新たなタイプの課題や業界に取り組むたびに、書籍や先輩たちから新規に学んだりして、自分でつくった「LISS」をつけ加えていきました。

自分なりの「LISS帳」に、様々な「LISS」の引き出しを持つことにより、経験したことのない課題に直面したときにも、まずはそれらを引き出しから引っ張り出したり組み合わせたりして、フレキシブルな対応ができるようになりました。

決まったフォーマットなどはなく、自分でメモ書きにしたり、パソコンにエクセルでまとめたり、好きな方法でつくってみてください。

伝える内容を的確に準備する際に非常に有効なツールになりますので、ぜひ自分なりの「LISS帳」をつくってみることをお勧めします。

理系思考の方程式

17

## 「イシューレイジング」＝「見落としに気づく」

COLUMN

# 02

# 感情に対して、感情でぶつかってはいけない

マッキンゼー時代に、能力的にはもちろん、感情的にも非常に〝パワフル〟なAさんというパートナー（コンサルティング会社の共同経営者）と仕事をしていた時期がありました。

毎回、Aさんとのミーティングの前には、私の同僚や上司が、Aさんの秘書に、

「今日Aさん機嫌いい？」

と聞くくらいです。

当時の私は、

「なんて志の低いことを聞くんだろう……」

と、横で思っていましたが、いま思えばそれも納得ができます。

それまでは、

「ビジネスにおける互いの議論の場なのであって、相手の気分や感情なんて関係ない」

と思っていたのですが、このエピソードをきっかけとして、最後の最後では、そこが大事になってくる場面もあるということに気づいたのです。

元同僚に、その後政界に転じて活躍しておられるBさんという人物がいました。

AさんとBさん、そして私、というメンバーでのミーティングの席でのことでした。

私が、ある案件のたたき台を議論の場に提出したのですが、Aさんが、私が提出したものに対して、ものすごい勢いで批判しはじめたのです。

いまにして思えば、私が提出したたたき台自体、青臭い内容だったと思います。

しかし、私もそのときはかなり頭にきて、こう言いました。

「Aさんのおっしゃるように、私の案がいかにダメかというのは、なんとなくわかります。ですが、これがほとんど徹夜してつくった私の今日の時点のベストのものです。

これがまったくダメだとおっしゃるのでしたら、どうやったらいいか教えてください」

すると、Aさんにスイッチが入ったのがよくわかりました。

烈火《れっか》のごとき勢いで、

「ここで私がこうしろというアイデアを言ったら、君らの存在価値などない！」

と、かなり厳しい言葉が、5分ほど続きました（少なくともこのときの私には、そう感じられました）。

おそらく私も、ものすごい顔でAさんのことを睨《にら》んでいたのでしょう。

そのうちに、彼の顔がパッと輝きました。

相手の感情の反発をエネルギーにして、脳のメモリが高速回転して、アイデアが見つかったのだと思います。

「君たち、テープレコーダーは用意しているだろうな。これから私が解を言うから、それでプレゼンテーションをつくるように！」

と言いはじめたのです。

そこで彼から出た答えは、いま思い返しても「さすが」の一言。まさに完璧なものでした。

そのミーティングのあと、Bさんに、

「あの場でAさんに絶対突っ込んではいけない最悪のスイートスポットに、籠屋さんは真正面から突っ込んでいったね」

と言われたことを鮮明に覚えています。

当時の私にとっては、Aさんはあまりにも仰ぎ見る存在だったために、相手の感情を理解しつつコミュニケーションする必要があるという認識が、まったくなかったのです。つまり、「伝える」ということを軽視してしまっていたのです。

感情に対して、感情でぶつかってはいけないということを、改めて認識したエピソードでした。

第3章

# 意思決定を導く論理的な「話し方」

# 一瞬でつかみ、飽きさせず、衆知を結集する

# なぜ話が脱線してしまうのか？

ビジネスの場面において、取引先やお客様との会話のなかで、よくやってしまいがちなのが、「盛り上がりすぎて話が脱線する」ことです。

なぜ、わかっていても話が脱線してしまうのでしょうか？

それは、話の本質とゴールを忘れているからです。

一つひとつのトピックに夢中になってしまい、その部分があまりにも大きくなりすぎてしまうと、全体の大きな流れを逸脱《いつだつ》して、別の方向に話が発展してしまいます。

当然、自分自身もそのトピックを話していて楽しかったり、興味を持っている分野だったりするので、発展していく気持ちはよくわかります。

## 何のために伝えているのか思い出す

話が脱線して発展していくと、自分が本来伝えたかった全体の流れに反する意味合いになってしまうケースがあります。

それでも、相手が自分のファンであるという場合は、「面白い」ということで喜んでくれることもあります。

プライベートな場で、お酒を酌《く》み交わしながら話す際には、自分の〝人となり〟を理解してもらうという意味でも、効果的なケースはあります。

しかし、通常のビジネスの場においては、そうはいきません。

これまで一緒に働いてきた私の上司にも、

「今日は3つ話す」

と言ったうえで、必ず一つ目の話で終わってしまう人がいました。

通常「3つ話す」と最初に言ったのであれば、話の冒頭にその3つをトピックだけでも話す必要があります。

そのあとで、話の流れで一つひとつ丁寧に説明するのが通常です。

しかしその人は、一つ目の議題を話しているうちに盛り上がって脱線していき、10〜20分と時間が経っても終わらず、最終的に満足して、2つ目と3つ目を話すことなく去っていくのです。

我々部下の立場からすれば、

「2つ目と3つ目は、何だったんだろう？」

となるのは当然です。

極端な例と思われるかもしれませんが、意外にも同じようなことをしてしまう人は多いものです。

これでは、冒頭にも書いたコミュニケーションの本質である、〝伝えて、次に議論して、意思決定し、アクションにつなげる〟という観点からは逸脱してしまっています。

もちろん、テクニックとして、あえて確信犯的にやるということもあります。しかし基本的には、話の流れを常に念頭に置いて、その流れのなかで、クロージングすることを心がける必要があるのです。

私の米国ストラテジック・ディシジョンズ・グループ時代には、外国人のクライアントを相手にすることが多かったのでよくわかりますが、海外の人は「私が聞きたいのはそういう話ではない」とはっきり言ってくれる傾向にあります。しかし日本人はそういったことを口に出すのが苦手な人も多いため、気をつけなければなりません。

## 「相手の顔を見なさい」だけでは、理系思考とは言えない

「相手の顔を見ながら話しなさい」というのは、誰もが一度は言われた経験があるといってもいいくらい、コミュニケーションでは基本中の基本とされています。

たしかに伝えているときに、相手がどんな顔をしているかを「観察」することは重要なことです。

しかし、それは正解なようで、じつは若干ずれています。

理系思考では、「顔だけ」を観察するのでは、不十分なのです。

身体の動きや声のトーン、ため息をついているかどうかなど、伝える相手の全体を

観察する必要があるのです。

自分が伝えようとしていることを、しっかりと理解してくれているかどうかを見極める、ということです。

話の内容に対して、違和感を持っているかどうか、賛同しているかどうか。

全体を観察し、チェックしながら話しましょう。

## 飽きられていると感じたら

理解されていなかったり、話に飽きられてしまっていると、見た目にもわかりやすく表れてきて、椅子の背もたれに寄りかかったり、ため息も増えていきます。

そうなったときには要注意なので、一つアクセントを入れるようにします。

もっとも簡単で効果的なアクセントは「質問」です。

「いままでのところは、よろしいでしょうか?」

「私がお伝えしたいことについて、ご意見はのちほどしっかり伺いますが、まずはお伝えするという観点でご理解いただけていますでしょうか？」

あるいは、途中まで伝えた時点であまりにも違和感が大きそうな様子であれば、

「ここから先の話をいったん止めて、議論いたしましょうか」

というように、相手の反応をしっかり観察するクセをつけましょう。


最悪のケースは、相手の反応を気にせずに話し続け、イライラさせることです。

私のエデュサルティングの受講生の話ですが、非常に重要な課題に対して、トップの人たちに提案するというシチュエーションがありました。

説明に30分使っていいと、時間が与えられていました。

ところが、彼が提案を始めて15分ぐらいのところで、明らかにオーディエンス（聴衆）が飽きているのです。

ほかのチームメンバーはハラハラしながら見ていたようですが、オーディエンスのほとんどが、「それ全然違うぞ」という顔だったそうです。

顔でも、態度でも、身体の動きでも示しているのに、それでも提案する側の彼は機

嫌よく話し続ける。

結果、その場にいた経営幹部のなかで、もっとも偉い人が、「お前いつまで話しているんだ」と怒り出したそうです。

彼はあとから大いに反省したのですが、当日はまったく気づかず、気持ちよく話し続けてしまったのです。

伝えている最中というのは、どうしてもまわりが見えなくなりがちです。

だからこそ、相手の動きを常に観察し、場合によっては途中で質問をする、トーンを変えるなど、臨機応変な意識が大切となるのです。

理系思考の方程式 19

**「相手を観察するポイント」＝「表情」＋「身体の動き」＋「声のトーン」**

# 会話は途切れてもいい

会話が途切れることを恐れる人がいます。私自身も昔はそうでした。

しかし、〝会話は途切れていい〟のです。

繰り返しますが、コミュニケーションの本質は、〝伝えて、議論をして、意思決定をし、次のアクションにつなげる〟ということです。

目的とゴールがはっきりしていて、なおかつ、それが相手と共有できていれば、次にどんなテーマやトピックになるか、どんな話の流れになるかというのは、明確に出てくるものです。

つまり、本質さえ理解していれば、必然的に会話が途切れることはなくなるはずです。相手も目的とゴールを共有しているからこそ、逆に相手から提案されることもある。コミュニケーションとは「衆知の結集」なのですから。

## 天気の話をする必要はない

ただし、もしそれでも本当に会話が途切れてしまったら、こう考えましょう。

「もう目的とゴールとネクストステップがわかったので、会話を終わって、解散してしまおう」と。会話が途切れたということは、もう切り上げて帰っていいタイミングであると割り切ることも必要です。

無駄に「天気の話」で引き延ばす必要はありません。

ドライな言い方に聞こえるかもしれませんが、ビジネスの場はそれでいいのです。単なる雑談なら別ですが、衆知の結集さえできれば、いつ終わってもかまわないと考えましょう。

雑談に関しても、目的を持った雑談であるならば、最初から流れを設計していると思いませんか。

たとえば個人の顧客相手の営業の場面。

これも「この課題にどう取り組もうか」と考えればいいだけの話です。

この雑談を通じてさらに関係を深めていこうという、ゴールとネクストステップがはっきりしています。

「相手の人となりをもっと知ろう」、あるいは「自分の人となりを知ってもらって、できれば商品の購入までつなげたい」。

こういう目的を持った雑談であれば、ここまで書いてきたように、内容、伝達、アクション、意思決定、議論を自然と意識すると思いませんか？

理系思考の方程式 20

## 「雑談」∧「目的を持った議論」

## 専門用語が逆効果になることもある

「理系の伝え方」というと、余計なことは言わず、事務的で、どちらかと言えば冷たい印象を持つかもしれませんが、そうではありません。

理系思考のコミュニケーションとは、思考を理系にすることで、事務的に無感情で話すということではないのです。

新しいことを提案するときや、何かを伝えて一緒に考えてほしいときなどは、「自分の祖母」に話すような伝え方で、コミュニケーションを取ることを意識するといいでしょう。

一言で言ってしまうと、〝簡単にわかりやすく伝える〟ということです。

## 難しすぎる横文字を並べない

自分を大きく見せよう、賢く見せようと、あえて難しい専門用語や横文字を並べ立てて話をする人がいますが、それは逆効果になることが多いのです。

私も外資系出身なので、ついつい横文字を並べてしまうクセがあります。最初はそのクセがなかなか抜けず、苦労したものでした。

この本をつくっていく際のインタビューでも、担当編集者に、

「籠屋さん、それって日本語でわかりやすく言うと、どういう意味ですか？」

と、何度も聞かれてしまいました。

自分では意識せずに使っている言葉でも、相手にとっては耳慣れない言葉というのは、意外にも多いものです。それでは相手に伝わりません。

横文字がすべて悪いというのではなく、もちろん相手がわかる範囲であれば構いま

せん。

しかし、第1章で書いたように、はじめて聞いた話に対しては、どんなに優秀な人でも理解が遅いのです。

そんななかで、難しい専門用語や横文字を並べて話すと、「そもそも内容自体が初めて聞く話で難しいのに、話し方自体も気に入らない」と、聞く態勢をシャットアウトされてしまいます。

## 「横文字略語」は要注意

企業や業界によって、「横文字略語」を多用するケースがあります。

たとえば、「ＩＰ」という横文字略語があります。

これは企業や業界によって、「インターネットプロトコル」の意味を指す場合と、「Intellectual Property（知的財産）」を指す場合があります。

「横文字略語」は注意しないと、使っている側は常識として使っていても、聞いている側はまったく違った認識をしているという事態が起きかねないのです。

「横文字略語」を使う際は、しっかりとスペルアウト（冒頭に文字化して伝える）することが大切です。


要は、自分の祖母に話すように、〝自分のことを理解しようと受け入れてくれているが、専門用語には明るくない相手〟に話すかのごとく、内容、ロジックの流れ、話し方、言葉の選択、声のトーンや速さなど、徹底的にわかりやすく伝えることが必要です。

実際のビジネスの場では、すべてがそのように好意的な人ではありません。

しかし、好意的な人にすら伝わらない内容では、そうではない相手には伝わるはずがないのです。

理系思考の方程式 21

**「理解されない原因」＝「専門用語」＋「横文字略語」**

## 「起・承・転・結」のストーリーは、わかりやすいか

「理系の伝え方」では、話のストーリーをロジカルにわかりやすくするということが大切です。わかりやすくというのは、できるだけシンプルにするということです。日本では昔から「起・承・転・結」で文章を組み立てなさいと言われています。ただ、私の経験からいくと、「起・承・転・結」は、じつはわかりにくいこともあります。

ストーリーラインを伝達するということにおいては、たしかに「理解した気分」にはさせてくれます。しかし、「内容」「伝達」「議論」をふまえて、「衆知を結集」する

という「伝える」ことの本質の観点から見ると、「起・承・転・結」自体は、必ずしもお勧めの方法とはいえません。

もちろん相手が「起・承・転・結」のストーリーで求めている場合は別ですが、そうでない場合は基本的には「結論から話す」を徹底します。

## 冒頭ですべてを机の上に出してしまう

基本的には、話の冒頭ですべて流れを伝えてしまいましょう。

「今日は次の5つのポイントについてお話しします」

など、話の展開や終わりどころが明確になるように伝えると、相手は最後まで集中して聞くことが可能になります。

最初に宣言してしまうことによって、前述したような「話の脱線」を防ぐことにもつながります。

冒頭で結論を言って、そのあとに「その理由はこの3つです」と続けるようにしましょう。

## 思考したパターンにそって伝える

結論から言うのが基本ですが、もう一つの方法として、「自分が思考したパターンにそって伝えていく」という伝え方も効果的です。

たとえば新規事業の提案の場合は、自分が新しいアイデアや商品を開発し、それをプレゼンテーションする立場であるならば、

① 市場と顧客を調べました

↓

② 競合を調べました

↓

③ そこからこのように、３つの解の仮説が導き出されました

④　3つの仮説を検証し、そこから導かれる洞察をふまえ、結論はこうです
↓

以上のように、自分の思考や検証した流れに沿って伝えていくと、相手は引き込まれるように聞いてくれることが多いです。

自分が整理した通りに相手に伝わるので、ロジックの流れもわかりやすくまとまっており、相手の頭のなかにもスムーズに入っていくのです。

とくにこの方法は、相手が「こちらを育成しよう」という立場の上司である場合に有効です。ただし、こうした「一緒に考えよう」という共感を持った相手ばかりではないので、基本的には冒頭で結論を言ってしまうアプローチを使いましょう。

# 重要なトピックは、あえて小声にする

話し方の章の最後に、普段はあまりお勧めしない高等テクニックについて、ふれておきましょう。

それは、「あえて小声で話す」というものです。

これはじつはプロの講演家などが使っている技です。

〝ここだけの話〟や〝大切な情報〟など、相手にとって有益である「勝負ネタ」を伝えるときに、最上級のテクニックとなります。

子どもの頃に、「大きな声で話しなさい」と、学校の先生や親などに言われた経験がある人も多いでしょうが、ビジネスの場においては、一概にそれだけが正しいとは言えません。「大切なことを大きな声で話す」というのはもちろん基本です。

しかし同時に、誰にでもできる常識的なことでもあります。

それに対して、小声で話すということのよさは、

「その話をぜひ聞きたい」

「きっといいことを言うのに違いない」

と思わせる力があるということにあります。

「小声で強調する」

これができれば、あなたのコミュニケーションは、また一つ大きくレベルを上げることになります。

## 勝負所でのテクニック

ただし、これは状況によっては気をつけなければなりません。

理系思考の方程式 23

# 「最重要事項を伝えるコツ」＝「小声で強調」

通常のビジネスの現場においては、交渉やプレゼンテーションの場面が多いので、逆効果になってしまうこともあり得ます。したがって、危険性もある高等テクニックであるということも、理解しておくようにしましょう。

しかし、「ここぞという場面」や「話を聞かせたい」と思う勝負所で使ってみると、相手も「なになに？」と身を乗り出して聞いてくれることがあります。

「伝えたいこと」の重要度が増すという、絶大な効果を発揮することもあるのです。

COLUMN

# 03 豊臣秀吉に「伝えられる側」の態度を学ぶ

「太閤秀吉症候群」という言葉があります。

これは、草履《ぞうり》取りという立場から登り詰めていって、天下統一を果たした豊臣秀吉になぞらえて、「偉くなったり立場が上になった途端、態度が急変してしまう人」のことを指す言葉で、じつは私の造語です。

織田信長に仕えていた頃、そして天下取りを目指していた頃には、極めて強い自制心と克己心《こっきしん》を持っていた秀吉が、天下を取って「太閤殿下」になったあとは、そのタガが外れ、暴君と化してしまった様子から、そう呼んでいます。

彼は、自分がトップに立ったあと、何を話しても部下たちからは「さすがですね」と、持ち上げられ、そこでいい気分に浸り、判断能力が欠如してしまったと言われています。

このコラムであなたに何を伝えたいかと言うと、「伝えられる側」の態度やスキルも非常に重要になるということです。

「伝えられる側」の態度として、この「太閤秀吉症候群」を反面教師として学べることは数多くあります。

暴君と化してしまった秀吉のように、相手を萎縮《いしゅく》させるような態度を取ったり、「自分は偉い」という雰囲気を出してしまってはいけません。

それを防ぐためには、次の2つの行動と態度が必要になります。

① 質問をする

② リスペクトを持つ

①の質問をするというのは、相手が何を伝えようとしているのかを親身になって確認するということです。決して難くせをつけるということではありません。

②のリスペクトを持つというのは、「きっとこの人はいいことを言おうとしているに違いない」という態度を持って、話を聞くということです。

ついつい「伝える側」のスキルだけに目を向けてしまいがちですが、じつは「伝えられる側」も非常に重要であるということを意識しましょう。

「伝える」ということは、「双方向コミュニケーション」なのですから。

# 第4章

# 多人数を魅了する「ロジカル・プレゼンテーション」

# プレゼンで成功する人と失敗する人には、明確な違いがある

# 「うなずく人」を見つける

ビジネスパーソンにとって、避けて通れない場面がプレゼンテーションです。

「営業職じゃないから、プレゼンは関係ない」

そう思う人もいるかもしれませんが、それは間違いです。

ビジネスにおいては、どんな立場の人でも、そのすべての活動がプレゼンテーションであると考えるべきです。

取引先との何気ないメールから、上司に提出する報告書まで、相手はすべてをチェックしているものです。メール一つを雑に送ってしまったがために、それまで積み上げてきた信頼を一気に失くしてしまうことだってあるのです。

「ビジネスにおけるすべての要素は、プレゼンテーションである」と、意識することが大切になります。

多人数を相手に話をするというのも、ビジネスパーソンには意外に多いシチュエーションと言えるでしょう。

クライアントへの商品提案のプレゼンしかり、社内での上司を相手にした企画会議しかり、あるいは、取引先との宴席における幹事の挨拶など、複数人を相手に話をしなければならない状況は様々です。

あなたも、多人数の前で話すのが苦手と感じたことはないでしょうか。

しかし、この苦手意識は、ちょっとしたコツで拭い去ることができます。

とくにビジネスの場においては、プレゼンテーションなど、自分一人に対して、相手は大勢という人数構成で「伝える」ということを、おこなわなければならない場面があります。

その際にはちょっとしたコツがあります。

それは、「ノッディングパーソン」を見つけるということです。

ノッディングパーソンとは、文字通り「うなずく人」です。

プレゼンテーションをしていると、聞いている側のオーディエンスの、姿勢や態度は様々です。

悪気があるわけではなくても、腕を組みながらしかめっ面で聞く人や、背もたれに深くもたれて話を聞く人などは多いものです。

## 賛同してくれる人は必ずいる

しかし、全員が全員、そのような態度なのではなく、こちらが話しているときに、〝よくうなずいてくれる人〟というのは必ずいます。

この人が「ノッディングパーソン」です。

こういう人はプレゼンテーションのときは味方であると考えましょう。

理系思考で考えると、ノッディングパーソンはうまく利用すべき相手です。

話す側は、このノッディングパーソンのことを中心に見て、

「自分はいいことを言っている」

と、いい意味での錯覚をし、自信を持ちながらプレゼンテーションに臨むといいでしょう。

まずノッディングパーソンを見つけて、自信が出てきたところで、全体をゆっくりと見渡しながら堂々と話す。

そうすると不思議と議論もうまく運ぶものです。

少しずるい考え方かもしれませんが、これもまた一つのテクニックです。

理系思考の方程式 24

**「プレゼンの味方」＝「ノッディングパーソン」**

## 通常の1・5倍の声量で話す

伝えるときの声の大きさも重要です。

とくにプレゼンテーションの場合は、通常の会話時の声量の1・5倍ぐらいを意識して話すと効果的です。

1・5倍といってもイメージしにくいかもしれませんが、これは自分の感覚的なもので大丈夫です。普段話している声を1と仮定して、その1・5倍程度をイメージして発声してみましょう。

1・5倍の声量で話すことの目的は、伝える相手に「私は自信を持って話しています」とアピールすることにあります。

## 相手に批判させないコツ

実力でトップにのし上がってきたような企業経営者の人たちには、パワフルな人が多いので、基本的に自信のないプレゼンターに対しては、厳しいものです。

話し方に自信がないということは、内容にも自信がないと思われてしまっても仕方ありません。

その瞬間に「批判のスイッチ」が入るので、結果的に伝えたいことが伝わらず、むしろ悪い印象を与えてしまうことになるのです。

逆に言えば、内容に若干の不安があったとしても、自信がある話し方をするだけで、成立してしまうこともあるのです。

さらに言うと、1・5倍というのは、自分が話すときだけではなく、相手の話を聞いてリアクションするときにも意識するといいでしょう。

話すときに小さな声でダラダラと話すと、相手に自信がないような印象を与えてしまいますし、自分がリアクションを取る場合でも、小さな声でばかり反応をしていると、相手は「聞いているのかな？」「私の話がつまらないのかな？」と不信感を持ち始めてしまいます。

聞いているのかどうかもわからないような相手とは、コミュニケーションを取りたいと思わないのは、人間としての普通の感情です。それを避けるためにも、自分が話すときだけでなく、聞く際のリアクションにおいても、1・5倍を心がけるといいでしょう。

理系思考の方程式

25

「批判させないコツ」＝「1・5倍の声量」＋「自信のある身振り」

# 「続きまして……」は、言ってはいけない

プレゼンテーションの場面などで、とくに意識していただきたいのが「つなぎの言葉」です。

あるトピックから、次のトピックに移るときの「つなぎの言葉」を疎《おろそ》かにしてしまう人は、意外に多いものです。

いいつなぎの言葉を使うと、流れがより相手に伝わりやすくなるという側面があるので、意識して使っていきましょう。

その際、絶対に使ってほしくないつなぎの言葉があります。

それは、

「続きまして」

という一言です。

たとえば新商品のプレゼンテーションなどにおいて、よくありがちなケースを一つ再現してみましょう。


「この新商品の商品名は◯◯です。

続きまして、この商品の顧客ターゲットに関してご説明します。

(顧客層の説明)。

続きまして、類似《るいじ》商品との違いをご説明します。

(商品の差別化を説明)。

続きまして、この商品の発売半年以内の広告戦略についてご説明します。

(マーケティング戦略を説明)。

続きまして……」

といった具合に、意識して聞いていると、かなり多くの人が使っている言葉です。

たとえば、パワーポイントを使ったプレゼンテーションの際には、一つのページから、次のページに行くときに、〝話の流れが頭に入っていない人〟に限って、「続きまして」と言ってしまいます。

これは最悪のつなぎの言葉といっても、過言ではありません。

## 流れを理解して、言葉を選択する

プレゼンテーションされることに慣れている人ほど、「続きまして」というつなぎの言葉に敏感です。聞いた瞬間に、冷めてしまうほどです。

プレゼンターが、自分のなかで話の内容を論理的に理解できていないために、情報を上から順に羅列《られつ》し、形式的なつなぎとしての「続きまして」しか出てこないのです。

本来、全体の流れが頭に入っていれば、つなぎの言葉は的確なものが自然に出てくるものです。

これは、しっかり意識していれば、自ずとできることです。

プレゼンテーションの場合は、準備段階で的確なつなぎの言葉をしっかり練習しておくこともできます。

「練習してもつなぎの言葉が出てくるか不安だ」

という人は、パワーポイントの資料のフッター部分に、つなぎの言葉も書いておく、ということもコツの一つです。

理系思考の方程式 26

## 「続きまして……」＝「最悪のつなぎの言葉」

## 一秒たりとも、背中を向けない

伝えるときに相手を観察することの重要性は、第3章で書きました。

観察するというのは、どんな場面でも必要な要素になります。

プレゼンテーションの場面においては、第3章で書いた「相手が何を求めているか」を観察するということ以外に、相手を「物理的によく見る」ということが大切です。

つまり、相手がこちらを見てくれているならば、こちらは背中を向けてはいけない、ということです。

プレゼンテーションの場面においては、オーディエンスに身体を向けて、伝えることが重要であることは言うまでもありません。

## オーディエンスを見る

複数人を相手にしたプレゼンテーションの場合には、プロジェクターとスクリーン、ホワイトボード、テレビ画面など、様々なものを使いながら話をする場面が多いかと思いますが、その際に、

〝一秒たりとも、オーディエンスに背中を向けない〟

ということを意識することが大切です。

スクリーンを使ったプレゼンテーションであれば、常時スクリーンに対して身体を開くようにしなければなりません。

基本的なことですが、オーディエンスのほうを見て、スクリーンの右側に立ったなら左手で、左側に立ったなら右手で説明するようにしなければ、相手はもちろん、自分も相手の顔を見られなくなってしまいます。

しかし無意識に背を向けてしまう人が多いのが現状です。

ほかにも、スクリーンやホワイトボードを指し示すためのポインターで遊んでしまう人もいれば、演台に肘をつきながら話す人までいる始末。

かくいう私も、最初はクライアントの社長への発表会で、当時の上司である大前研一さんから「スクリーンを叩くな」とメモが回ってきたことをよく覚えています。

理系思考の方程式
27
## 「スクリーン」＜「相手の正面」

## クロージング前に休憩を取る

流れを左右する「冒頭」。本題に誘導する「前振り」。結果に結びつく「本題」。伝えたあとの「フォローアップ」。

プレゼンテーションにはいくつかの「段階」があります。

とくにプレゼンテーションと、それに引き続く議論の最後の勝負所である「クロージング」に関しては、多くの人が注力する場面であると言えるでしょう。

「クロージング」とは、直訳すると、「閉じる」「締めくくり」といった意味で、ビジネスや営業の場面において、顧客との議論の最終段階のことを指します。

このクロージングで次の展開が決まるので、焦って早く結論を出そうと思ってしまう気持ちはよくわかります。しかし、ここで急いではいけません。

クロージングで、いかに自分と相手の思考を整理するかで、その後の結果が大きく左右されます。

## 思考を整理する時間をつくる

プレゼンテーションの場面は、その多くが、制限時間が決められています。

全体のなかで、最後のまとめの時間が10~15分程度しかないとしても、その前に〝5分程度の休憩を取る〟というのは非常に有効です。

「最後の勝負所でそんな時間はもったいない」

そう思う人もいるかもしれませんが、この5分間を取るかどうかで、議論の結末は大きく変わります。

たとえば会議で自分のアイデアを通したい場面だとします。

5分の休憩のあいだに、ほかの参加者はタバコを吸う、トイレに行く、ということをするかと思います。そのあいだに、自分はそのあとの10～15分で、どのようなことを言うかを考えることができるのです。

「今日はこうでしたね」

「ネクストステップはこういうことですよね」

「私は次回までにこれをしてきますので、○○さんはこれをお願いします」

と、叩き台を頭のなかでつくっておくのです。

この時点になると、もう正確にメモなどを取らなくても、自分のなかで一瞬整理できれば大丈夫です。

これがじつは重要で、習慣にしておくと、クロージングのクオリティが一気に向上します。

理系思考の方程式

28

**「5分の休憩」＋「思考の整理」＝「クロージングの結果を変える」**

# 籠屋式　プレゼンのコツ
# まとめノート

## 準備編

● ストーリーのロジックはシンプルに
—口頭で説明がなくても、資料を見ただけで、内容が理解できるレベルに

● ワンページ・ワンメッセージの原則で資料をつくる
—メッセージを順に読んでいけば、全体のストーリーが頭に入ってくるようにする

● 目次ページをつくり、各セクションの冒頭にいれる
—オーディエンスに、「いまどこまできているか」のイメージを持たせる

- 各ページに通しのページ番号を入れる
—Q＆Aで、どの部分に関する質問なのかすぐにわかるように

- メインのプレゼンテーションの内容は、最大30分以内で話せる分量とする
—それで不十分となる場合は、Q&Aで補足する

- ページとページのつなぎの言葉を工夫する
—必要に応じて、つなぎの言葉を、資料のなかに入れ込む

- グラフやチャートでは、まずは縦軸と横軸を説明してから、中身に入っていく
—縦軸、横軸には、定義や単位もきちんと記しておく

- 冒頭の2～3ページと最後の2～3ページは、とくに練習しておく
—最初と最後の印象で、結果は大きく変わる

## 実践編

● 言葉・フレーズ・言いまわしを統一する
—同じ内容なのに、わかりづらくてオーディエンスが混乱することのないように

● ポインター・指し棒の使い方
—指しているところが震えたり、めまぐるしく動いたりしないように

● 説明のときには常にスクリーンに対し、身体を開くように
—オーディエンスに背中を向けない

● 通常の1・5倍の声量で、自信を持って話す
—オーディエンスを「きちんと聞いてみよう」という気にさせる

● まずはノッディングパーソンを中心に見ながら話す

—自信が出てきたら、偉い人から順に、左→中→右→中→左→とながめつつ話す

● 全体時間の半分が経過したら、場の空気を読む

—オーディエンスのなかの中心人物達の顔・表情をチェック

● 数人の提案の、質疑応答のセッションでは、「チームとして」質問に答える

—あらかじめ役割を決めておく

● オーディエンスへの尊敬心を持つ

—Q＆Aもできるだけ丁寧に

—ただし「相手と自分は対等」の気持ちを心のなかに持つ

# 第5章

# 世界で活躍する人の「理系思考」のコミュニケーション

# 戦略を立てて、最良の結果につなげる

## キャラクターを把握する

この本の冒頭で、スティーブ・ジョブズのスピーチや伝え方の話をしましたが、あなたがスティーブ・ジョブズになろうとする必要はありません。

コミュニケーションにおいて、重要なことの一つは、「自分のキャラクターを把握する」ということです。

キャラクターとは、自分の地位や立場、年齢や職業など、様々な要素によって構成されます。

たとえばあなたが新人の営業マンであるならば、年上のクライアントに好感を持って聞いてもらえるように話すと、結果を残しやすいでしょう。

スティーブ・ジョブズの場合は、アップル社のCEOであるという立場と、「面白いものをつくる」というビジョンのうえに成り立っており、自分のキャラクターをより魅力的に見せる伝え方の基本をきちんと押さえています。

そのうえで、話し方自体も、彼のキャラクターならではだからこそ成立しているのです。

同じ内容を、もし真面目一辺倒な人などが話したとすると、まったく違うものに聞こえるでしょう。

## 自分に合った伝え方

伝えるときには、あなたのキャラクターに合った伝え方をしなければなりません。

それぞれのキャラクターに合った話し方というのは、どんな立場の人においても必ずあります。

フランス語を勉強しても、フランス人にはなれません。

美人女優の「キレイになる方法」というような本を読んだところで、いきなり役に立つかという観点でみると、そうでもないこともあると思います。

つまり、自分なりのものをつくればいいのです。

基本を押さえたうえで、自分なりの「伝え方」を徐々につくり上げていくというような発想が大切なのです。

基本的には、ここから先は意識さえしておけば経験を通じて自然に「あなたならでは」のスタイルができ上がっていくので、心配はいりません。

理系思考の方程式
29

**「キャラクター」＝「地位」×「立場」×「年齢」×「職業」**

# 準備していない質問に対しての対処法

「伝える」というコミュニケーションのなかで、多くの人がもっとも困るのは、〝準備していない質問に対してどう答えるか〟ということだと思います。

それには大前提として、常に想定外のことが起こると想定し、フレキシブルに考えるというのが大事です。

こう考えて事前シミュレーションをしておけば、後悔は少なくてすみます。

そうすると、想定外の質問に対する気持ちの余裕、頭のメモリが確保できるのです。

また、「全部に答えられるはずがない」と考えておくことも大切です。

想定外の質問をしたり、指摘をするために相手はいる。その人たちも、最終的にはこちらが衆知を結集するためにいてくれているのだと思えば、気は楽になります。

すべて完璧な答えを持っていったつもりが、抜けを指摘されたら答えられずがっかりしてしまうというのは、ある種の驕《おご》りでもあると思います。

協働作業でいいものをつくればいいのですから。

## ピンチを乗り切る「3つの切り返し」

もし、どうしても答えられない質問を投げかけられたときは、満面の笑みを浮かべて、こういいましょう。

「Good question（いい質問ですね）」と。

すると相手には少なくとも、いい質問をしたというところで、自分への満足感が生まれます。

こちらは、満面の笑みを浮かべているその一瞬、数秒のあいだにいいアイデアが自分のなかに出てくるのを期待するのです。

人間はよくできたもので、数回に一回くらいは、この間にいい案が浮かんできます。それに対して相手がまた反応してくる。この掛け合いで、さらにいいものが出てくるのです。

相手の質問に対しては、相手と一緒に答えていくというのが、まず一つになります。


満面の笑みを浮かべたけど、いいアイデアが出てこなかった……。どうすればいいのでしょうか。

2つ目は、〝その質問の意図を確認する質問〟をします。

「Let us clarify your question（その質問を明確にしましょう）」

というように逆に聞いてしまうわけです。

想定外の質問の多くは、自分がその項目について、じつはもともと十分に考えていなかったことを指摘されたということになります。

しかし逆に、「単に伝わっていなかっただけ」という可能性もあるのです。

あるいは、相手の質問にはそんなに深い意味はなくて、単に字が読めなかったから聞いているだけ、という可能性もあります。

相手の質問を過大解釈している可能性があるので、まずは質問の意図をしっかり聞く。質問の意図をしっかりと聞くと、たいしたことのない質問だったということがよくあります。

先ほどの説明をきちんと丁寧にもう一回くり返してあげる、あるいは例を使ってわかりやすくしてあげる、これで解決するかもしれません。

これでもダメな場合。次は3つ目です。

相手の意図は理解できたけれども、それに対しての的確なレスポンスの仕方は浮かんでこない。

最後はこう言いましょう。

「What do you think?（あなたはどう考えますか？）」と。

すると、相手なりの意見を述べてくれて、そこから自分の思考が発展し、答えが出てくることもあります。

準備していない質問に対しての、理系思考の答え方は、

①「Good question（いい質問ですね）」

②「Let us clarify your question（その質問を明確にしましょう）」

③「What do you think?（あなたはどう考えますか?）」

たった3つだけなのです。

理系思考の方程式

30

「切り返し」＝「Good question」＋「Let us clarify」＋「What do you think?」

## 準備していない質問に対しての理系思考の切り返し

① Good question
＝
いい質問ですね

② Let us clarify your question
＝
その質問を明確にしましょう

③ What do you think?
＝
あなたはどう考えますか？

# 完璧を求めない

質問や疑問を投げかけられたときに、多くの人が完璧に答えようと必死に返答を探します。しかし、「理系の伝え方」では、〝完璧に答える〟ということにそれほどフォーカスしていません。

何度も言いますが、コミュニケーションは「衆知の結集」です。つまり、自分と相手は協働作業者なのです。

私は経営エデュサルティングを仕事にしていますので、企業や組織のミドルマネジャーの人たちがトップマネジメントに戦略提言をするのをお手伝いしています。

## 「一緒に考えましょう」というスタンスをとる

提案のミーティングの冒頭では、次のことを言っていただくことにしています。

「これは経営幹部の皆さまと、我々提案側の、立場の異なる協働作業者によるワークショップの場です」

「決して完成品品評会ではありません」

「現状のたたき台をお持ちしました」

「この案が完璧だと思っていません。ですが、これ以上現時点で完璧にする方策が浮かばないので、それをいまからの皆さまとの議論で、一緒にもっといいものにブラッシュアップさせてください」

これを冒頭に言っておくからこそ、前述した、「What do you think?（あなたはどう考えますか？）」が成立するのです。

もちろん英語と日本語のニュアンスは若干違います。

日本語の場合の、「いい質問ですね」というのは、相手次第で、言い方自体は考えなければなりません。

その組織なり、その場なりで、的確な言葉を持ってくればいいのです。

「素晴らしいご質問をいただき、ありがとうございます」

でも何でもいいのです。

ただし心のなかは常に、満面の笑みと、

「Good question（いい質問ですね）」

「Let us clarify your question（その質問を明確にしましょう）」

「What do you think?（あなたはどう考えますか？）」

「Let's think together（それでは、一緒に考えましょう）」

以上の心持ちでいましょう。

相手と自分の立場の違い、たとえば上司と部下というのがあったとしても、立場の異なる協働作業者なだけという、いい意味での開き直りをすると、一気にコミュニケーションが円滑になります。

もちろん、相手に対する尊敬心は持たなければいけませんが、同じくらいの「ふてぶてしさ」も持ってみましょう。

「自分のアイデアを通さなければならない」と意気込みすぎると、ある意味「相手を寄せつけない」雰囲気になってしまいます。

相手からすると、「跳ね返される」「喧嘩を売られている」と感じることもあります。

それが逆に「一緒に考えましょう」というスタンスでいくと、この人たちに知恵を出してもらうのをウエルカムしていることになります。

もちろん何も提案せず、「一緒に考えましょう」と言っても、「お前しっかり考えてから持ってこいよ」という話になりますので、そこは気をつけましょう。

理系思考の方程式

31

## 「相手」＝「立場の異なる協働作業者」

# クロージングは〝ネクストステップへの合意〟である

「一生懸命話したのだから、結果はいいものが欲しい」

「プロセスはどうあれ、結果だけ欲しい」

多くの人が、クロージングで結果を欲します。結論部分で「ノー」と言われたくないと感じていることと思います。しかし、そもそも「ノーと言われないクロージング」という発想自体を変える必要があります。

ノーと言われないクロージングというのは、要するに、「自分の案をそのまま通す」という発想から出る言葉です。

再三この本で書いている、

「一緒にいいものをつくる」

「衆知を結集する」

という意味でいうと、本質からずれていると言えます。

## 〝押しつけ〟ではなく、次につなげる

「ノーと言われない」我を通すクロージングではなく、「どうしましょうか」という〝ネクストステップへのクロージング〟である必要があります。

「ネクストステップに関する合意」と言ってもいいでしょう。

「指摘されたところは調べて修正します。一週間後にこれについて持ってきます。逆にあなたにはこういうことを考えておいて欲しい」

という流れが理想です。

相手の立場が上の場合は、

「ここまで私のほうで持ってきますので、次回は◯◯という違ったかたちでのご意見を頂戴できますと幸いです」

といったように、多少丁寧に伝える必要はあります。

しかしながら、仲間同士で伝えて議論する協働作業というときには、お互いが手分けをするということも大切なのです。

私自身もマッキンゼーに入るまでは、研究開発の現場の仕事がメインで、企画系の仕事をすることはあまりありませんでした。ですので、マッキンゼーに入って、経営コンサルティングで議論をおこなう際、最初はずいぶん苦労したものです。

当時のパートナーに、1〜2時間と、あっちこっちに飛んだクライアントとの議論の最後に「今日の話はこうですね」とまとめてくれる人がいました。

そして、そのパートナーは毎回、「そこから次のステップへはこういう作業がありますね」とネクストステップへの合意を取りつけるのです。

ここまでは誰がやって、ここまでは私がやる、という具合に、宿題を割り振るのです。

いまの私から見るともう普通のことですが、当時は「そうやってクロージングするのか」と、インパクトがあったものです。

意外にもこれができないビジネスパーソンが多いのが現状です。

ここまでの議論で、体力と知力を使い果たしているので、そこまで頭がまわらなくなってしまうのです。

最後の5～10分のがんばりが、議論や協働作業を次のステップへと進めるのです。

理系思考の方程式
32

**「クロージング」＝「意思決定」＋「ネクストステップへのアクション」**

## 一流のビジネスパーソンと、その他大勢の違い

私は20年以上、外資系のコンサルタントとして働いてきました。
日本の企業に勤めるビジネスパーソンに、よく言われる言葉の一つに、
「あなたとはバックグラウンドが違うから、同じようにはできないよ」
というものがあります。
しかし、この考え方に私は違和感を覚えます。
外資系コンサルタントと、一般のビジネスパーソンの違いは何でしょうか。
ずばり、基本的にはありません。

マッキンゼーがお手伝いさせていただくような企業は、世界的な大企業が多かったものです。

第1章のコラムで、「相手と自分のレベルは意外にも近い」という話をさせていただきましたが、私がそのとき常に持っていたのは、クライアント側の会社に、〝10年選手のもう一人の自分がいる〟というイメージです。

そこに、コンサルタントとしての自分が行ったときに、「相手側の自分」がこちらをどう見て、どう考えるか。それをイメージするのです。

## 相手にいかに貢献するかを常に意識する

そう考えると、基本的な知的レベルは、自分も大企業の10年選手も変わらない、ということがイメージできるのです。むしろ、その企業や業界の専門知識においては、向こうのほうがずっと上のはずです。

一緒にコンサルティングワークをやるときには、当然コンサルタント側がリードしなければなりません。

基本的に知的レベルの変わらない人間を相手にしているとイメージしたうえで、次に自分が何をしたら、向こう側にいる自分が喜ぶか、貢献を認めてくれるか、と考えるわけです。

自分が「あいつは結構役に立つな」というふうに思う相手は、どういう相手かを考えましょう。

先にそういうシミュレーションをしておく必要があるのです。

その頭の訓練の積み重ねがコンサルティングワークなり、戦略的な課題への取り組みなりで力を発揮できる人たちと、そうでない人の違いになってくるのではないでしょうか。

## ロジカルなコミュニケーションに大切な2つのこと

論理的に伝えるうえでの、内容の整理の仕方や話し方など、ここまでポイントを書かせていただきましたが、最後に、ロジカルなコミュニケーションを実践するうえで大切な2つのことをまとめておきましょう。

### 想定外は想定内

まず一つ目の大切なことは、事前のシミュレーションです。

事前にシミュレーションしておくと、想定外のことが起きたときのショックが少なくてすみます。コミュニケーションのプロセスのなかで「どのようなことが起きるか」を事前にシミュレーションしておくと、だいたい6～7割は想定内に収まります。

しかし、必ず3～4割は想定外が起きるのです。逆に想定外が起こるから、相手に伝えて、衆知を結集するという行為が意味を持つのです。

「想定外は必ず起こる」ということを常に想定しておきましょう。

キーワードは「想定外は想定内」です。

多くの人が「頭が真っ白になる」という経験をしたことがあるかと思います。

原因は単純で、シュミレーションしていないからなのです。

## 理系思考と大和魂《やまとだましい》

二つ目は「大和魂」でコミュニケーションをすることです。

「大和魂」という言葉を、あなたも聞いたことがあるかと思います。

私が予備校に通っていたときに、当時の古文の先生に「大和魂」の本当の意味を教えていただいたことがあります。

普通「大和魂」というと、

「最後まで絶対にあきらめずにがんばる、竹槍《たけやり》でも何でも戦う」

というようなイメージを持たれている人が多いのではないでしょうか。ですが、そのとき私は初耳だったのですが、本当の意味はそうではありません。

大和魂には、「唐魂《からだましい》」に対する「大和魂」という意味があるのです。

唐というのは中国。唐魂というのは、原理原則主義ということです。

それに対して大和魂というのは、臨機応変に、その場その場で対応していくということです。

融通無碍《ゆうずうむげ》に変化させるというのが、大和魂の本当の意味なのです。

一見、理系思考とは対極にあると感じるかもしれませんが、「理系の伝え方」においては、これは非常に重要な要素になります。

相手とのコミュニケーションにおいて、その状況によってフレキシブルな対応をするというのは、結果としてロジカルな思考回路を鍛えることになるからです。

「相手がこう言ってきた場合の答えを想定する」

「自分が想定していたゴールと、相手が求めているゴールが違うことに、話してみてから気がついた」

コミュニケーションはシミュレーションと予想外の展開への対応の連続です。

それらに対して「大和魂」を持って、フレキシブルに対応していくと、議論における最良の結果に向け、ロジカルな最短の道を見つける力を鍛えることができるのです。

本当の意味での大和魂を持って、ロジカルなコミュニケーションを実践しましょう。

理系思考の方程式

34

**「ロジカルなコミュニケーション」＝「シミュレーション」＋「大和魂」**

おわりに──

# 私が「伝え方」の本を出すのは必然だった

最後までお読みいただき、ありがとうございました。

この本を書くきっかけになったのは、私が某ビジネス雑誌に寄稿したインタビュー記事でした。その記事の内容は、「伝え方」。

「伝え方」は私の本業ではありませんが、ビジネスプロフェッショナルとしての経験と、実践体験に基づいた話を聞かせてほしいということで、雑誌記者にインタビューされたものでした。

その記事をたまたま見てくれた、この本の編集者が興味を持ち、

「この内容をもっと充実させて、一冊の本にしませんか？」

とオファーをいただいたのが、始まりになります。

最初は、

「本業でもないし、本一冊になるほどのコンテンツも持っていない」

と、自分自身、疑問に思いました。

しかし、いろいろと編集者に乗せられて語っていくと、このテーマに関して、私が読者に伝えたいことがたくさんあるのだということに気がつきました。

もともとは「理系の伝え方」を考えるきっかけとなったのも、私の本業であるディシジョンマネジメント（意思決定論）をクライアントに教える際の〝周辺要素〟として「伝える」ことが必要である、という理由がありました。

クライアントにエデュサルティングしていくなかで、「話し方」以前の「伝えることの基本」ができていない人があまりにも多いことに気づき、長年、「理系の伝え方」についてメモをまとめていたのです。

しかし、今回の本づくりのなかで、じつは〝周辺要素〟だと思っていたものが、ディシジョンマネジメントの出発点である「衆知の結集」という意味では、非常に〝重要な要素〟であったことが認識できたのです。

そういう意味では、ディシジョンマネジメントを本業とする私が、「伝え方」の本を出版するというのは、必然であったのかもしれません。

この場を借りて、その必然性を見抜き、一冊の本にしてくださったきずな出版の小寺裕樹さんに感謝の意を伝えます。


もしもあなたが、この本に共感してくれたならば、私の過去の著作やディシジョンマネジメント自体にも興味を持っていただけると、これ以上嬉しいことはありません。

「理系の伝え方」が、あなたの人生を好転させることを祈っています。

籠屋邦夫

著者プロフィール

# 籠屋邦夫（こもりや・くにお）

ディシジョンマインド社代表。東京大学大学院化学工学科修了後、三菱化成（現三菱化学）入社。新製品・新製造プロセスの開発等に従事し、渡米後、スタンフォード大学大学院エンジニアリング・エコノミック・システムズ学科修了。マッキンゼー社東京事務所にて企業ビジョン策定・全社組織改革などのコンサルティングに携わる。シリコンバレーに本拠を置くストラテジック・ディシジョンズ・グループ（SDG）に参画し、SDG社にてパートナー、日本企業グループ代表。帰国後は、AT カーニー社ヴァイスプレジデントとして広範囲な経営課題に対するコンサルティングに取り組む。ディシジョンマインド社を設立し、企業やビジネスマンの戦略スキルや意思決定力向上を支援するエデュサルティング活動（Education + Consulting = Edusulting）に注力している。メーカーを中心とする130社以上に対し「戦略的意思決定」「新規事業創造」「技術経営」を中心として、企業内教育研修の講師を務め、スタンフォード大学、慶應義塾大学、立命館大学、青山学院大学、福井県立大学などの大学院においても講義を実施。著書に『戦略意思決定』『意思決定の理論と技法』（ダイヤモンド社）、『選択と集中の意思決定』（東洋経済新報社）、『スタンフォード・マッキンゼーで学んできた熟断思考』（クロスメディア・パブリッシング）がある。

ディシジョンマインド社HP
http://decision-mind.com/

理系の伝え方
最良の知恵を生み出す「ロジック&コミュニケーション」

2016年5月10日　第1刷発行

著　者　　籠屋邦夫

発行人　　櫻井秀勲
発行所　　きずな出版
東京都新宿区白銀町1-13　〒162-0816
電話03-3260-0391　振替00160-2-633551
http://www.kizuna-pub.jp/

印刷・製本　モリモト印刷


ISBN978-4-907072-59-9

きずな出版

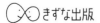